OHSAMA BUNKO

眠れないほどおもしろい日本書紀

板野博行

三笠書房

天地開闢《かいびゃく》から持統天皇まで…
神話&伝説も満載の歴史書、
『日本書紀』の世界へ、ようこそ！

はじめに　書かれた文字の裏にある「書かれなかった真実」とは？

まず、声を大にして言いたいことがあります。

『日本書紀』は、おもしろい！　おもしろすぎる!!

読んだことのない人は、ぜひ読んでほしい**必読の歴史書である**、と。

ただ、「いやいや、『日本書紀』は読みづらくてつまらないよ」と言う人がいるのもよくわかります。というのも、そもそも『日本書紀』は漢文で書かれているうえに、知らない人物名や地名が羅列《られつ》され、物語よりも事実のほうにウエイトが置かれている。「読んでいると寝てしまいそう……」と思うのが普通の感覚です。

しかし、『日本書紀』を繰り返し読むうちに、編纂《へんさん》者の思いが行間から立ち昇ってきます。**書かれている文字の裏にある「書かれなかった真実」が見えてくる**のです。

そのおもしろさたるやハンパではありません。それをどうしても伝えたい。

編纂に大きく関わったのが時の権力者、**藤原不比等《ふじわらのふひと》**。

「比べる者がいないほど優れている」という意を名前に持つ「不比等」は、右大臣にまで出世した敏腕政治家でした。そして、その立場を利用して、藤原氏に都合よく歴史を改竄《かいざん》し、『日本書紀』にまとめたのです。

『日本書紀』は、不比等が死ぬわずか数カ月前に約四十年の編纂期間を経て完成し、日本の「正史」として大切に伝承されてきました。つまり、藤原氏に都合のよい歴史が後世に堂々と伝えられたのです。不比等、大満足!!

この『眠れないほどおもしろい日本書紀』では、その**不比等にナビ役になってもらうことにしました**。完成以来、千三百年以上の時が経《た》ち、そろそろ真実を明らかにしてもらってもいい頃でしょう。

硬い内容と文体の『日本書紀』をわかりやすくするために、かなり砕いて書いた箇所がありますが、どうぞご容赦《ようしゃ》ください。神話の時代から初代神武《じんむ》天皇を経て、持統《じとう》天皇に至る日本の歴史と天皇紀、そのおもしろさを堪能していただければ、著者としてこの上ない喜びです。

板野博行

目次

2章

「神武東征」から悲劇の英雄・ヤマトタケルの物語

……うるわしの「大和の地」で巻き起こるドラマ！

3章

女傑・神功皇后から始まるヤマト王権の勢力拡大

……巨大古墳、大陸への進出——大王たちの足跡に迫る！

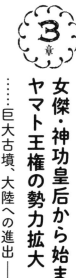

4章

異色すぎる大王・継体天皇から大化の改新へ

……天皇をも凌いだ蘇我氏の栄光と没落

5章 天智と天武――二人の天皇が目指したもの

……「正史」では何が葬り去られ、どう書き換えられたのか？

コラム

漫画・イラストレーション　大盛のぞみ

案内役は、藤原不比等が務めます

ボク、**藤原不比等**（六五九〜七二〇）。11歳の時に父の鎌足《かまたり》を亡くし、その後に起きた「壬申《じんしん》の乱」(※)の時もまだ13歳だったので、乱に参加することはなく、罪には問われなかった。

でも、敗者の大友皇子《おおとものみこ》側に仕えていた藤原氏は、勝者の天武《てんむ》朝の中枢から一掃され、そのあおりを食らってボクも下級官吏《かんり》からのスタートになったんだ。

しばらく雌伏《しふく》の時代を過ごしていたけど、持統朝に入ると「大宝律令《たいほうりつりょう》」や「飛鳥浄《あすかきよ》御原令《みはらりょう》」の制定に関わるなど、法律家としての能力を発揮するとともに、出世街道を驀進《ばくしん》し、最終的には左大臣に次ぐ**ナンバー2の右大臣にまで到達**したんだ（あえてナンバー1にはならなかったんだよ。目立ちすぎは禁物だ）。

また、娘の宮子《みやこ》を文武《もんむ》天皇に嫁がせ、その皇子を天皇の位に即《つ》かせる（のちの聖武《しょうむ》天皇）など、皇室との関係を深めていったんだ。この文武天皇の時代に、ボク、不比等の子孫だけが「藤原」姓を名乗ることが許され、さらに太政官《だいじょうかん》の官職に就《つ》けることになった（ちなみに太政官っていうのは、律令官制の中央最高機関のこと）。

つまり**ボクこそが藤原家の家祖《かそ》かつ、のちの藤原氏全盛の布石を敷《し》いた男**なのだ!!

息子の四兄弟《しきょうだい》も出世を果たし、娘（第三女）が聖武《しょうむ》天皇に嫁いで光明《こうみょう》皇后として立《りっ》后《こう》した……これは非皇族で皇后になった初めての例なんだ。もう、思い残すことはないくらいの栄達ぶりと言える。そんなボクが晩年に心血を注《そそ》いだのが、『日本書紀』の編纂だ。神国日本の由緒ある歴史を海外（特に中国）に誇示するとともに、藤原氏のことをヨイショして後世に残すこと、これがボクのライフワークとなった。

今回、『日本書紀』をナビするにあたっては、そのあたりの**裏話を「ぶっちゃけ本音トーク」していく**ので、どうかよろしくお願いするね!!

（※）六七二年。天智《てんじ》天皇の死後、長子の大友皇子と皇弟の大海人皇子《おおあまのみこ》（のちの天武天皇）が皇位継承をめぐって争った古代史上最大の内乱。

これだけは知っておきたい基礎知識

現存する最古の書物『古事記』と最古の史書『日本書紀』、この二つの違いとは？

『古事記』と『日本書紀』は、合わせて「記紀《きき》」と称される。この二つの書物はどこが同じで、どこが違うのだろう。

同じ点

同じ点としては、どちらも**天武天皇の命令で編纂されたと**いうことが挙げられる。天武天皇といえば、大化《たいか》の改新《かいしん》の後、兄の中大兄皇子《なかのおおえのみこ》（のちの天智天皇）を助け、中央集権的な国造りに協力した人だ。兄の天智天皇が亡くなった後、六七二年に「壬申の乱」を起こして天智天皇の息子の大友皇子を倒して即位し、「記紀」の編纂を命じた。

違う点

1 数量差

『古事記』は全三巻であるのに対して、『日本書紀』は全三十巻（＋系図一巻。ただし現存せず）。**文字数的には約四倍の開き**があり、その差は歴然としている。

2 扱っている期間の差

『日本書紀』は神代《かみよ》から第41代持統天皇までを扱っているのに対して、『古事記』は神代から第33代推古《すいこ》天皇までしか扱っていないから、**『日本書紀』のほうが約七十年以上長い期間を扱っている**ことになる。

3 編纂期間の差

天武天皇が稗田阿礼《ひえだのあれ》に、「帝紀《ていき》」と「旧辞《きゅうじ》」の誦習《しょうしゅう》（書物などを読み覚える行為）を命じた。その後、元明《げんめい》天皇の代に稗田阿礼が暗誦していたものを太安万侶《おおのやすまろ》が中心となって撰録《せんろく》し、**わずか一年足らず**で上中下三巻の『古事記』が完成した（七一二年）。超ハイペースだ!!

ちなみに、「帝紀」は天皇や皇位継承を中心とする古代の歴史書、「旧辞」は古代豪族の神話や伝承を集めたものだけど、現存していない。

一方の『日本書紀』は、同じく天武天皇の命令のもと、十人を超える大所帯で編纂に取り掛かった。途中、天武天皇の死によって一時作業が中断されるなどの停滞があったものの、舎人親王《とねりしんのう》らが受け継ぎ、実に**三十九年もの歳月を経て**七二〇年に完成した。こちらは超スローペースでやっとこさ完成だ。

4 別伝の有無

『古事記』には、別伝や脚注はないけど、『日本書紀』には本文だけではなく**「一書曰《あるふみにいわく》」という形で、別伝**が紹介されている。ものによっては、これでもか、これでもかと言わんばかりに七つも八つも別伝が記録されている。ただしこれは神話の時代に限ってのことであり、神武天皇以後の人皇《じんこう》の時代に入ると「一書曰」は出てこなくなる。

正史として正確を期すという意味で、あらゆる資料に当たり、集められる限りの説を載せたということだろう。真摯《しんし》な編纂方針とも言えるけど、こんなことをやっているから完成に四十年近くかかってしまったのかも……。

同じ名前に違う漢字を当てる理由は？

神話の分量と内容の違いも顕著《けんちょ》だ。『古事記』において神話は約三分の一もの分量を占めるのに対し、『日本書紀』のほうは約八分の一にすぎない。

神様の名前の表記も違っているんだ。

問 次の漢字は同じ神の名だけど、どう読む？
そして、どちらが『古事記』で、どちらが『日本書紀』のものかわかるかな？

① 須佐之男命
② 素戔嗚尊

ヒント!!　一見して易《やさ》しい漢字で書かれているほうが『古事記』だ。

「イザナギノミコト」や「イザナミノミコト」の場合でも、『古事記』は「伊邪那岐命」「伊邪那美命」である（ギリギリ読める）のに対して、『日本書紀』のほうは、「伊奘諾尊」「伊奘冉尊」と表記されていて読みにくい（というか読めないね）。

正解は「スサノオノミコト」と読み、①「須佐之男命」が『古事記』、②「素戔嗚尊」が『日本書紀』だ。同じ神様でも漢字から受ける印象はずいぶんと違っている。

実は、『古事記』は日本独自の文法をベースにした変体漢文と呼ばれるもので書かれたのに対して、『日本書紀』は純粋な漢文で書かれている。だから、現代の日本人にとっては『日本書紀』のほうが読みづらいという欠点があるんだ。

『古事記』の漢字表記に関しては、編纂者である太安万侶の苦心の跡が見て取れる。当時はまだ平仮名もカタカナもない時代だったけど、すでに日本人の言葉があって、それに漢字の音を借りて言い表すようにした。それを**「万葉仮名」**と呼ぶ。

今でいえば、暴走族などが使う「夜露死苦《よろしく》」「仏恥義理《ぶっちぎり》」みたいな感じ（笑）。だから、『古事記』を読む際は、漢字の字面《じづら》で意味を取ってしまうのは危険だ。

藤原氏に忖度《そんたく》ありありの『日本書紀』

『日本書紀』は当初『日本紀《にほんぎ》』と表記されていたという説もあるけど、いずれにせよ「日本」という書名を冠しているのは、それまで「倭《わ》」と呼ばれていた我が国を、「日本」という国家・国号だぞ、と対外的に知らしめたかったことによるんだ。

『古事記』が自国民に向けて書かれた書であるのに対して、**『日本書紀』は、国家によって編纂された正式な歴史書＝「正史」**であり、**皇室の支配の正当性を国の内外（特に中国）に知らしめる目的**を持っていた。

『日本書紀』は七二〇年に元正《げんしょう》天皇に撰上《せんじょう》された。その**三カ月後、編纂に深く関わったボク、藤原不比等が62歳で没した。**死を前にして『日本書紀』の完成を急がせ、その完成を見てボクは満足して死んでいったんだ。

「正史」としての体面上、日本の皇室が「万世一系《ばんせいいっけい》」であることを鼻高々に書いたのはもちろん、藤原氏の祖である中臣鎌足《なかとみのかまたり》のことをカッコよく記す反面、ライバルだった蘇我《そが》氏のことは逆臣として描く……ちょっとやりすぎたかなと思う箇所は、今回のこの本で訂正していこうと思うよ。

「諡号」について

多くの人になじみのある「神武天皇」や「推古天皇」などの名は、実は天皇の死後に諡《おくりな》として献上されたもの。これを**「諡号《しごう》」**という。当然のことながら**生前、「私は神武天皇だ」とは名乗っていない。**

『日本書紀』本文での「神武天皇」の称号（諱《いみな》）は、「彦火火出見《ひこほほでみ》」や「狭野尊《さののみこと》」「磐《いわ》余彦尊《れびこのみこと》」、長いものになると「神日本磐余彦火火出見尊《かむやまといわれびこほほでみのみこと》」「磐余彦火火出見尊《いわれびこほほでみのみこと》」などがあり、『古事記』に記載されているものも入れると十に余る別称を持っている。よくもまあ、こんなに長い名前をたくさん持っていたものだ……。

ちなみに『日本書紀』巻第三の表題は「神日本磐余彦天皇《かむやまといわれびこのすめらみこと》　神武天皇」となっているけど、ここでの「神日本磐余彦天皇」が和風諡号、「神武天皇」が漢風諡号と呼ばれるもの。

「諡号」というのは「貴人の死後、生前の事績の評価に基づいて贈られる名」という意味で、「和風諡号」とは大和《やまと》言葉としての天皇名、「漢風諡号」とは中国風の天皇名ということになる。

今の人にとっては「神日本磐余彦天皇」よりも「神武天皇」という漢風諡号のほうがなじみ深いだろうけれど、実は**『日本書紀』の歴代天皇の漢風諡号は、八世紀後半に天皇の命によって淡海三《おうみのみ》船《ふね》が一括して考案したもの**なんだ。ちなみに三船は、天智天皇の玄孫《やしやご》（曾孫《ひまご》の子）に当たる人で、日本最古の漢詩集『懐風藻《かいふうそう》』の撰者としても有名な漢学者だ。

したがって『日本書紀』が成立した時点では、まだ漢風諡号は記されていなかったので、当然本文には登場せず、表題の「神武天皇」は後から書き加えられたものだ。

また、**「天皇」という称号は七世紀後半の天武天皇の時代から使用**されるようになったといわれていて、それまでは「大王《おおきみ》」と呼ばれていた。

「天皇」とは、北天で唯一動かない北極星を神格化して「天皇大帝《てんこうたいてい》」と呼ぶ、という中国の道教思想から引用したとされている。そして「天皇」は「テンノウ」とは読まず、敬い尊《とうと》んで「スメラミコト」と読むのが正式な読みだ。

「スメラ」は、「統治する」という意の「統《す》べる」という説や、「神聖さ」を表す「澄める」が転訛《てんか》したとする説などがある。「ミコト」は、神聖な貴人を表すんだ。

この本では、『日本書紀』本文での称号ではなく、**なじみのある漢風諡号を用いて説明していく**ことにし、神話の神様も、なるべくわかりやすくニックネーム的に表記していくので、失礼の段、ご容赦くださいね。

1章

「神世七代」から神武天皇の誕生

……こうして「神話」と「歴史」はリンクした！

天地開闢！　そして「国生み」へ!!

まだ天と地が分かれず、陰と陽もまだ分かれていなかった頃、混沌《こんとん》とした中にわずかに何かが生まれる兆《きざ》しが潜《ひそ》んでいた。

やがて澄んで明るい部分がたなびいて天となり、重く濁《にご》った部分が集まって地になった。天がまずできて、のちに地が定まった。そののちに神が生まれた。

『日本書紀』は、天地開闢《かいびやく》以前のところからスタートする。天地は一つで、陰陽の区別もつかないほど混沌としていた……この表現は中国の陰陽の思想に基づいた天地開闢説だ。

そして、国土がまだ混沌としたまま漂《ただよ》っている時に、葦《あし》が芽吹くように神が生まれた。国常立尊《くにのとこたちのみこと》（クニタチ）だ。

『日本書紀』で最初に生まれたのはクニタチだけど、『古事記』では六番目の神として登場している。『古事記』ではクニタチの前の五柱の神々は「別天神《ことあまつかみ》」と呼ばれ、その最初の神である「天之御中主神《あめのみなかぬしのかみ》」は天の中心の神だ。

ちなみに**「神様」の数え方は、「一柱《ひとはしら》、二柱《ふたはしら》……」と「柱」で呼ぶんだ。**

キリスト教やイスラム教では唯一の神しか認めないので、神様を数えることはあり得ない。しかし、日本には神様は数多くいらっしゃるので、国外向けの『日本書紀』では「柱」という表記はせず、国内向けの『古事記』のみに記されている数え方だ。この本では「柱」を採用することにするね。

ところで、なぜ『日本書紀』では「別天神」は出現しないのだろうか。

実は『古事記』は、天上の「高天原《たかまのはら》」、地上の「葦原中国《あしはらのなかつくに》」、地下の「黄泉国《よみのくに》」という三元構造で語られるのに対して、『日本書紀』は地上しか存在しない。そこで『日本書紀』では、地上の始原の神としてクニタチが最初に登場しているんだ。

これは『日本書紀』を正史として対外的に示すにあたって、不確実な神話を基《もと》にするよりも、現実的な見地で**地上の支配者である天皇の正統性を強調する狙いがあったから**なんだ。

ただ、「別伝」(一書曰《あるふみにいわく》)では「別天神」のことにも触れている。なにせ、遥《はる》か昔の神代《かみよ》の時代のことだから、わからないところもあったんだ……。

『日本書紀』では、クニタチの後、次々に神が現れ、最後に男神伊奘諾尊《いざなぎのみこと》（イザナギ君）と女神伊奘冉尊《いざなみのみこと》（イザナミちゃん）が現れて計十一柱となり、七代に及んだため、これを**「神世《かみよ》七代《ななよ》」**という。

仲良しのイザナギ君とイザナミちゃんは、

「下界の底のほうに、もしかして国はないだろうか」

と言って、天と地の間に懸《か》けられた橋（天浮橋《あまのうきはし》）の上から混沌とした地に向かって美しい矛《ほこ》を下ろしてみると、青海原《あおうなばら》があった。

かき混ぜて矛を引き上げると、その先端から滴《したた》り落ちた潮《しお》が固まって、一つの島（オノゴロシマ）となった。

神代からのお約束「告白するのは男から!!」

「これはちょうどいいや」とばかり、二柱はおもしろい儀式をすることにした。

「イザナギ君」を陽神《おかみ》、「イザナミちゃん」を陰神《めかみ》とし、二柱は夫婦の交わりをして

「国生《くにう》み」をすることにしたんだ。

島を柱と見立て、イザナギ君は左から回り、イザナミちゃんは右から回った。

二柱が出会って顔を見合わせた時に、イザナミちゃんが先に、

「ああ嬉しい。なんという見目麗《みめうるわ》しい男性に会ったことでしょう!!」

と言った。

すると、イザナギ君が不満顔で、

「僕は男だよ。男のほうから口を切るのが道理だ。ダメだよ、もう一度やり直そう」

と言ったので、もう一度柱を回って、今度はイザナギ君が先に口を切った。

「ああ嬉しい。なんという見目麗しい乙女に会ったことでしょう!!」

今度は成功だ……神代の時代から、告白するなら男から!! だったんだね。

イザナギ・イザナミに「性の指南役」を果たしたのは…?

次にイザナギ君がイザナミちゃんに尋ねた。「お前の身体はどういうふうにできているのか?」。するとイザナミちゃんが答えた。「私の身体には女の根元の場所が一つあります」と。おおーそれは好都合、とばかりイザナギ君は喜んだ。

「私の身体にも男の根元の場所がある。私の身体の根元を、お前の身体の根元のところに合わせよう」

……イザナギ君、なかなかストレートなお誘いだね。こうして男神と女神とは初めて交合《まぐわい》して夫婦となり、「国生み」を開始した。

別伝の一つでは、イザナギ君とイザナミちゃんが男女の交わり方がわからないで困っていた時、鶺鴒《せきれい》（セキレイ）が飛んできて、頭と尾を上下に振る動作をした。それを見た二柱は「これだ!!」と、セックスのやり方を学んで無事に交わることができた、とある。

セキレイが性の指南役を果たしてくれたんだね。婚礼の調度品の一つに「鶺鴒台」がある。それは「夫婦の営み」を教えてくれたセキレイに由来するものなんだ。

ちなみにセキレイをいじめると、「親死ね、子死ね、鍋《なべ》も茶碗も破《やぶ》れてしまえ」と鳴いて呪《のろ》う（可愛い顔してるのに、こ、怖い）という伝説もあるから、決していじめてはいけない鳥だ。

こうして二柱は、無事に次々と国生みを果たしていく。淡路洲《あわじのしま》を筆頭に、本州に当たる大日本豊秋津洲《おおやまととよあきずしま》など八つの島を生んだので、「**大八洲国**《おおやしまのくに》（大八島国）」の名前が起こった。ただ、『日本書紀』と『古事記』ではその八つの洲（島）が異なっている。

特に大きな違いとしては、『日本書紀』にのみ存在する**越洲**《こしのしま》（北陸）だ。

これは第25代武烈《ぶれつ》天皇の死後、越洲出身の継体《けいたい》天皇（171ページ参照）が即位したこ

イザナギ・イザナミが生んだ 大八洲国（『日本書紀』と『古事記』による）

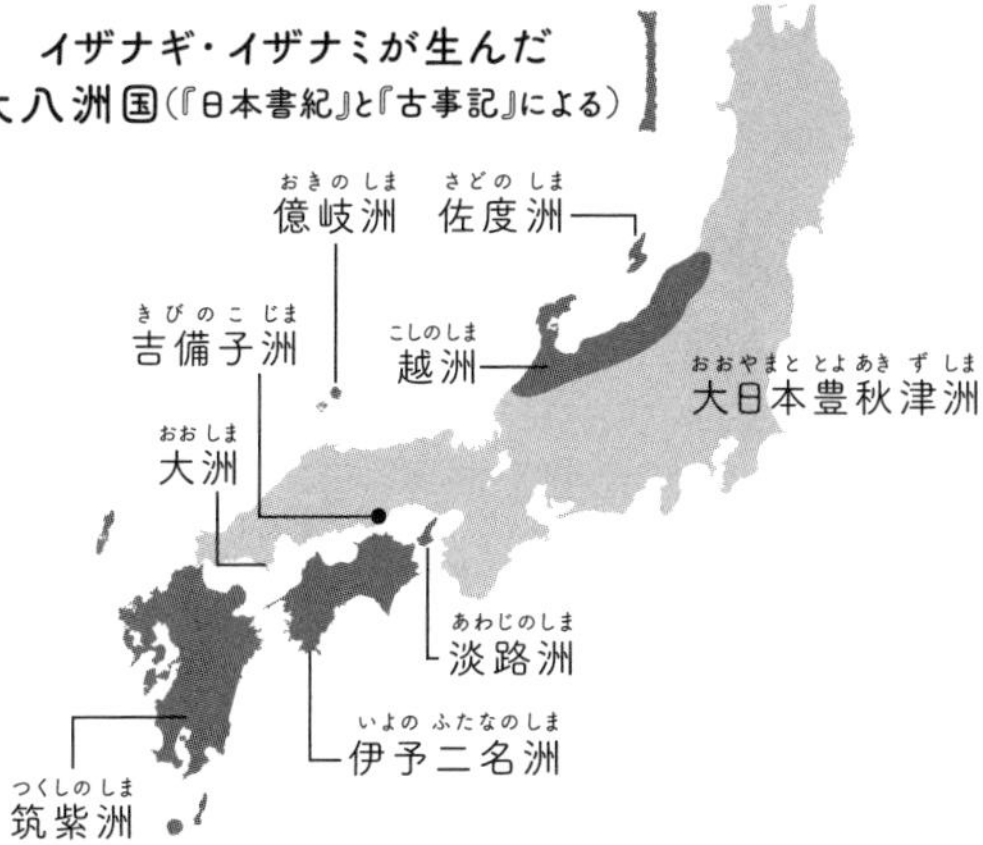

とが大きく関係していると思われる。

『古事記』にのみ書かれるイザナミの死

イザナギ君とイザナミちゃんは続けて、山の神や火の神など、自然や生活に関わる神々を続々と誕生させた。

ちなみに**『古事記』のほうでは、イザナミちゃんが火の神を生んだ時に、陰部に火傷《やけど》を負って死んでしまう**（そりゃそうだ）。そこで悲しんだイザナギ君が妻を連れ戻そうと死者の国の黄泉を訪れる。

しかし、「帰るまで私の姿を見ないで」

というイザナミちゃんとの約束を破って覗《のぞ》き見みると、妻は醜い姿に変わり果てていた。

恐怖にかられたイザナギ君は逃亡する。約束を破られ、醜い姿を見られたイザナミちゃんは逆上し、イザナギ君に追手を差し向けるが、イザナギ君はなんとか地上に逃れて妻と訣別《けつべつ》する……この話は、ギリシア神話の「オルフェウスの神話」とそっくりだ。

さらに、その後生まれた天照大御神《あまてらすおおみかみ》（アマテラス）、須佐之男命《すさのおのみこと》（スサノオ）、月読《つくよみの》命《みこと》（ツクヨミ）という三貴子《さんきし》（以上、『古事記』での表記）の支配した世界、「天界（アマテラス）、海（スサノオ）、冥界《めいかい》（ツクヨミ）」というのは、ギリシア神話における、「天界（ゼウス）、海（ポセイドン）、冥界（プルートン）」と見事に対応している。

偶然にしては一致しすぎている気がするね。記紀の時代、遥か彼方《かなた》のギリシアから神話が伝わってきていたのだろうか。

一方の『日本書紀』の本文ではイザナミちゃんは死んでおらず、陰陽を司《つかさど》る二神は協力して神々を生み続けることになる。

三貴子登場！　乱暴者のスサノオはやりたい放題

イザナギ君とイザナミちゃんは「天下の主者《あまのしたきみたるもの》（天下に君たる者）」として「日の神」を生んだ。「大日孁貴《おおひるめのむち》」、別名**「天照大神《あまてらすおおみかみ》」（アマテラス）**だ。アマテラスは光り輝く霊妙な美しさを持つ女神だったので、天を支配させることにした。

次に「月の神」を生んだ。**「月夜見尊《つくよみのみこと》」（ツクヨミ）**だ。ツクヨミはアマテラスに次いで輝かしかったので、天に送り夜を支配させた。性別は書かれていないが、一般的に男神と考えられている。

のちにツクヨミとアマテラスとは喧嘩《けんか》して仲たがいし、お互いに顔も見たくないわ、と昼夜を隔《へだ》てて住むことになった。姉と弟、いまだに仲が悪いようだ……。

最後に「素戔嗚尊《すさのおのみこと》」（スサノオ）を生んだ。この男神は勇猛だけど残忍で、いつも大声で泣いてばかりいた（それが仕事だったそうだ）。民を大勢殺したり、山を枯らしたりしたので、イザナギ君とイザナミちゃんはスサノオに命じて、

「スサノオ、お前はまったくひどい乱暴者だ。天下に君臨する資格はない。遠い根国《ねのくに》（地底の異界）に行ってしまえ‼」

と追い払った。

追放宣言を受けたスサノオは、姉のアマテラスに一度会ってから根国に向かうことにした。

◎高天原での「誓約」——勝ったのはアマテラス？

スサノオがアマテラスのいる天に行こうとした時、大海原は激しく荒れ、大地にすさまじい音が鳴り響いた。

神であるスサノオの気性の荒さが海や山を揺り動かしたんだけど、弟のやって来るその猛烈な様子を知ったアマテラスは、顔色を変えた。

「この様子、ただごとではない。高天原を奪いにきたのかもしれない」

そう思って、戦闘服に着替え、大地を踏み抜き、剣を握《にぎ》りしめて雄たけびを上げ、弟スサノオと対峙《たいじ》した……これはこれで、なかなかの迫力だ。

怒髪天《どはつてん》を衝《つ》かんばかりのアマテラスの様子に、今度はスサノオがびっくりした。

「僕は悪事を働くために来たのではありません。姉上に一目お会いしてから、父母のご命令通り、根国に行こうと思って参上しただけです」

「ではスサノオ、お前の身の潔白を証明しなさい」

こう言われたスサノオは、邪心がないことを証明するために高天原にいる神々に判定をしてもらうことを提案した。

これを「誓約《うけい》」という。

「もし僕の生んだ子が女の子ならば、僕に邪心があるとお考えください。もし男の子ならば、心は清らか（清心）だと思ってください」

お互いの言い分のどちらが正しいか、白黒つける判定の、始まり、始まぁり～。

アマテラスとスサノオはそれぞれの持ち物である「玉飾《たまかざり》」と「剣」を交換して洗い清め、それぞれ噛み砕いて息を吹きかけ、御子《みこ》を生んだ。

スサノオが生んだのは五柱の男神、アマテラスが生んだのは三柱の女神だった。


「やった～、僕の勝ち（清心）だ」

とスサノオが喜んだのも束《つか》の間《ま》、アマテラスが、

「五柱の男神は私の玉飾から生まれたのだから、私の御子である」

と言って、自らの勝ち（スサノオは邪心の持ち主）を宣言した。

アマテラスの、ぎゃ、逆転勝利～!?

「万世一系」はこうしてスタートした！

ちなみに『古事記』では勝敗は逆だ。

スサノオが、

「僕の剣から生まれたのは優しい女神だから、邪心がないことがおわかりでしょう」と、勝手な理屈をつけて高らかに勝利宣言をしている。

実は『古事記』では勝敗の判定基準があらかじめ示されていなかったので、スサノオの強引な勝利宣言がまかり通ってしまったのだ。

わがままな弟スサノオの身勝手ぶりが顕著なのが『古事記』、負けず嫌いの姉アマテラスの詭弁《きべん》が勝るのが『日本書紀』というところだろう。

姉弟の戦いは、いつの時代も理不尽で激しい……。

ちなみにアマテラスが生んだ三柱の女神は、「道」の最高神である「宗像三女神《むなかたさんじょしん》」と呼ばれる神なんだ。

日本から大陸および朝鮮半島への航海の安全を守護する海北道中《かいほくどうちゅう》（玄界灘《げんかいなだ》）の神として、宗像大社《むなかたたいしゃ》の沖津宮《おきつぐう》・中津宮《なかつぐう》・辺津宮《へつぐう》にそれぞれ祀《まつ》られている。

一方、スサノオが生んだ男神五柱のうち、「正哉《まさか》吾《あ》勝勝速日天忍穂耳尊《かつかちはやひあめのおしほみみのみこと》」（アメノオ

【誓約《うけい》で生まれた神々と「万世一系」の始まり】

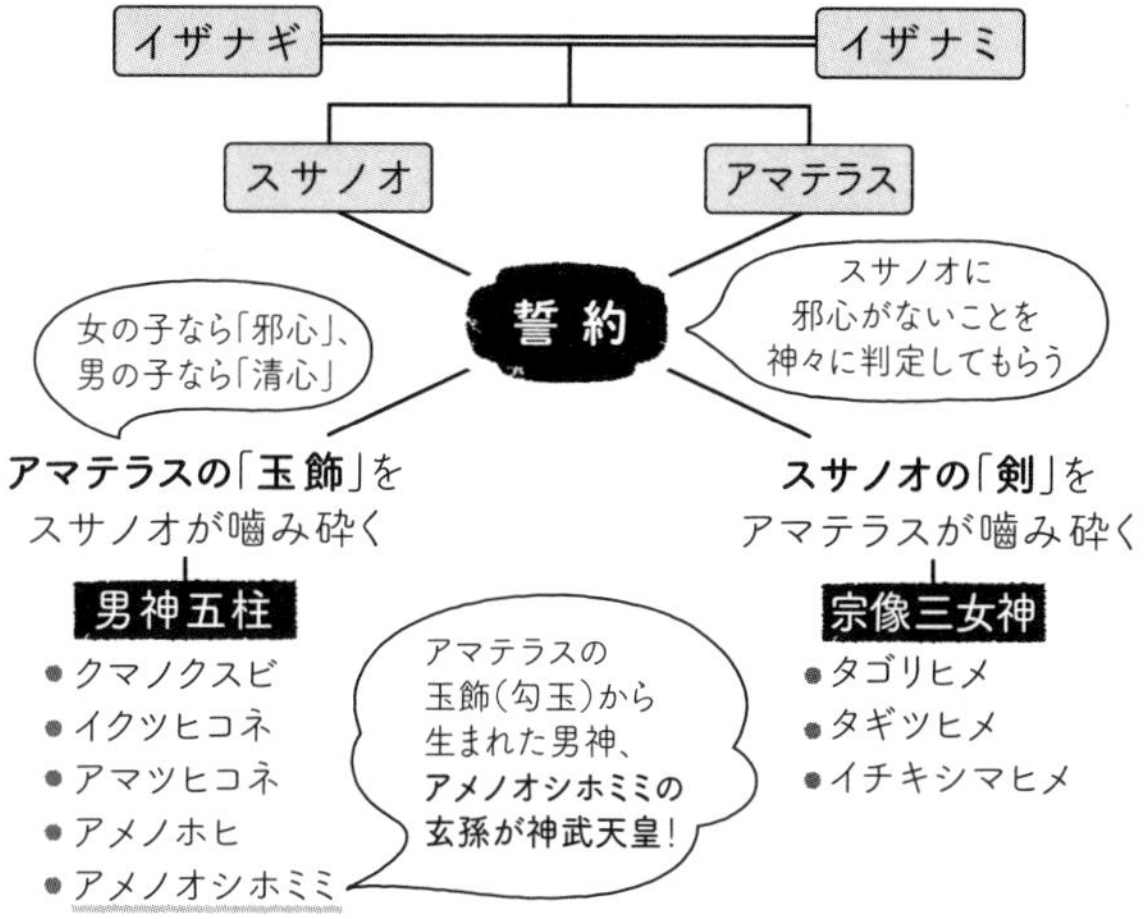

シホミミ）という長い長い名前の神がとても重要だ。

このアメノオシホミミの玄孫《やしゃご》こそ、初代神武《じんむ》天皇なのだ。

アマテラスの身に着けていた玉飾（勾玉《まがたま》）から生まれた男神なので、神武天皇とアマテラスとがつながっていることが示されている。

つまり、現在の天皇もアマテラスの子孫ということになる。

偉大な女神を先祖に持つ「万世一系」のスタートだ!!

天下の一大事、天岩屋戸事件発生!!

姉弟の勝敗判定の是非はさておき、この後のスサノオの行状は暴虐を極めていく。アマテラスの田を横取りしたり、収穫物を滅茶苦茶にしたり、あろうことか、機織《はたおり》の部屋の屋根に穴を開け、そこから生きたまま皮を剝《は》いだ馬を投げ入れたんだ。

神聖な衣を織るためにその機屋《はたや》にいたアマテラスは、驚いて機具に当たって怪我《けが》をしてしまった……悪い予感がする。

「もう〜、頭にきたわ。目にものを見せて懲《こ》らしめてやる!!」

スサノオの乱暴ぶりに憤慨《ふんがい》したアマテラスは、頑丈な岩でできた洞窟《どうくつ》、「天岩屋《あめのいわや》」に入って、岩戸をぴったりと閉めてこもってしまった。このために天地四方は暗黒の闇《やみ》となり、昼と夜の区別もなくなってしまったのだ。こりゃ大変だ~!!

天岩屋戸事件発生。困った八十万《やそよろず》の神々は河原に集まり、どうしたらよいかを相談した。その時、知恵者である思兼神《おもいかねのかみ》が計画を立てた。

まず、力持ちの手力雄神《たぢからおのかみ》(タヂカラオー)を岩戸のそばに立たせた。

次に鳥を集めてきて一斉に長く鳴かせ、榊《さかき》の木の上の枝には**八尺瓊勾玉**《やさかにのまがたま》、中の枝には**八咫鏡**《やたのかがみ》、下の枝には青と白の布を懸け、アマテラスが岩屋の中から出てくることを願って神々は祈った。ちなみに八尺瓊勾玉と八咫鏡は**「三種の神器《じんぎ》」**(62ページ参照)のうちの二つだ。

日本初のストリップショー開幕!!

準備万端! いよいよ作戦実行だ!!

天鈿女命《あめのうずめのみこと》(ウズメちゃん)が天岩屋の前に立って滑稽《こっけい》な振り付けで巧みに踊った。

その時の様子を『古事記』では「胸をさらけ出し、陰部を見せて踊った」とストリップ風に描いている。それを見た八十万の神々はやんやや、やんややの大喝采《かっさい》と笑いの渦《うず》。

一方、正史である『日本書紀』では下品な描写はできないので、頭に鬘《かずら》を付け、襷《たすき》を掛けたウズメちゃんが、舞台に見立てた伏せた桶《おけ》の上で、神が乗り移ったかのように見事に舞い踊った、と書かれている。上品でしょ。

さて、岩屋の中のアマテラスだけど、外の騒がしい様子が聞こえてきたので、

「私が岩屋に閉じこもっているのだから、豊葦原中国《とよあしはらのなかつくに》は長い夜になってひっそりしているはず。なのにどうしてウズメちゃんはあんなに愉《たの》しそうに踊っているのでしょう」

と不思議に思い、岩戸を少し開けて外の様子を覗《うかが》った……。

その刹那《せつな》!! 機をうかがっていたタヂカラオーが岩戸をこじ開け、アマテラスの手を取って岩屋の外へと引き出した。

時を置かず二柱の神が、岩屋の前に「注連縄《しめなわ》」を張り渡し、

「二度と入ってはなりませぬ!!」

と申し上げた。侵入を禁止する注連縄を張られては、さすがのアマテラスももう岩屋へは入れない。**計画は見事に成功し、この世に光が戻ってきた。**やったね!!

その後、神々はスサノオに、この「天岩屋戸事件」の罪を負わせて贖罪《しょくざい》の品々を科し、さらに髪を抜き、手足の爪を剝いで償《つぐな》わせたという（イテテテ）。

こうして、スサノオは高天原から追放されたのだった。

一躍ヒーロー！スサノオのヤマタノオロチ退治

高天原から追放されたスサノオは、出雲国《いずものくに》（現在の島根県）に降《くだ》った。

すると、川上で人の泣く声が聞こえてきたので行ってみると、老夫婦と娘の三人が泣いていた。訳を尋ねたところ、八人いた娘が毎年一人ずつ八岐大蛇《やまたのおろち》（ヤマタノオロチ）に呑《の》まれてしまい、今年この奇稲田姫《くしいなだひめ》（クシナダ姫）が最後の犠牲者になるから泣いているのです、と答えた。

事情を聞いた**スサノオはヤマタノオロチを退治し、クシナダ姫を助けようと思った。**というのも実は、クシナダ姫は美人だったから（笑）。そこで、スサノオはまずクシナダ姫との結婚を乞《こ》い、それが許されると、娘を櫛《くし》に変えて自らの髪に挿《さ》した。

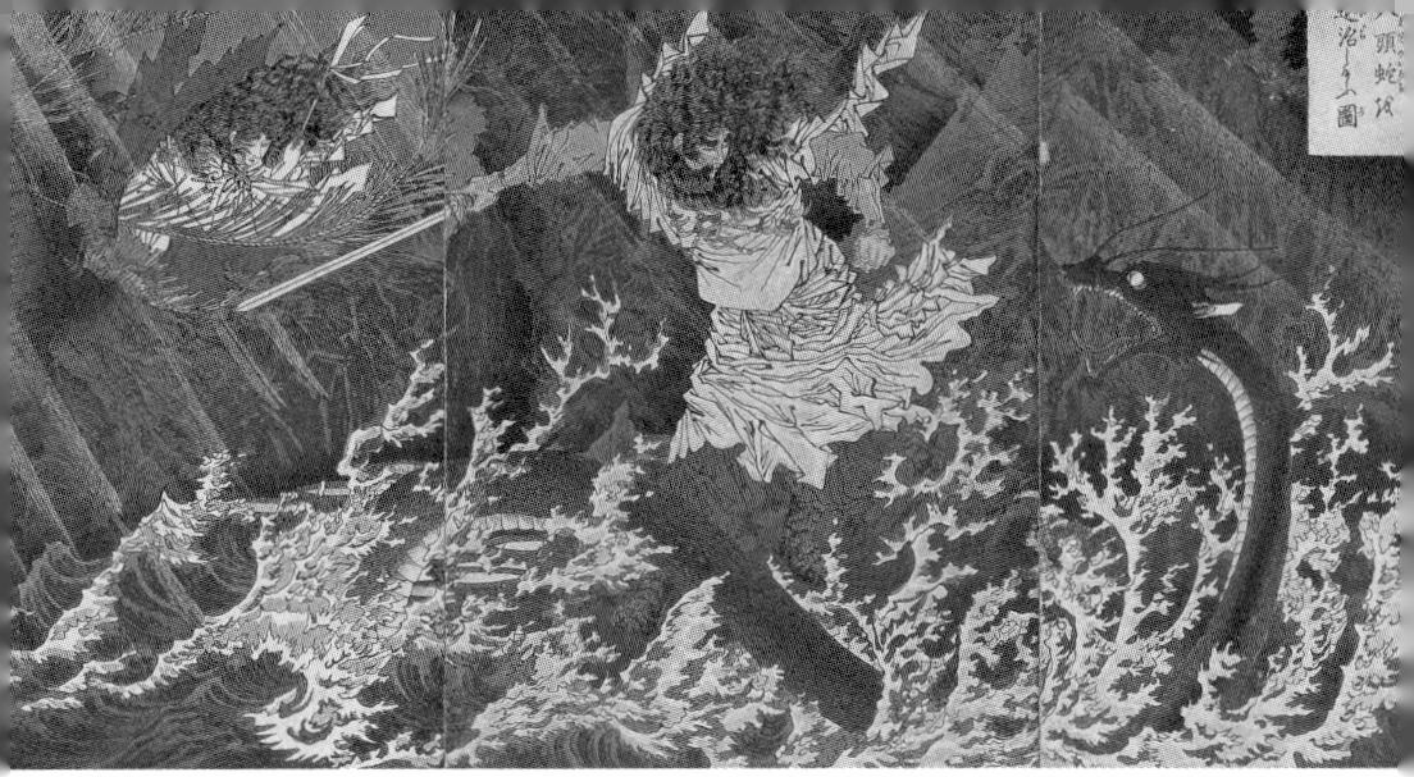

やんちゃだったスサノオはヤマタノオロチ退治で一躍、英雄に！

まともに戦っては勝てないと踏んだスサノオは、強いお酒を満たした酒槽《さかぶね》を八つ用意させ、八つの塀《へい》で仕切った奥に一つずつ配置してヤマタノオロチが来るのを待った。

時が過ぎ、現れたヤマタノオロチは、八つの丘、八つの谷に這《は》い渡るという大きさで、頭も尾も八つに分かれて背中に木が生え、眼はホオズキのように真っ赤、という恐ろしい姿をしていた。

ヤマタノオロチはその八つの頭をそれぞれ酒槽の中に入れてお酒を飲むと、酔っぱらって大いびきをかいて寝てしまった。

今がチャ〜ンス!!

スサノオは剣を抜き、ヤマタノオロチをズタズタに切り刻んだ。

尾のところを切った時、剣の刃が欠けた。不思議に思って尾を引き裂いてみると、中から一振りの剣が出てきた。これが世にいう**「草薙剣《くさなぎのつるぎ》」**だ。

最初この剣は「天叢雲《あめのむらくも》」と名付けられていたけど、のちに日本武尊《やまとたけるのみこと》（ヤマトタケル）の手に渡った時に、「草薙剣」と名が改められた（111ページ参照）。これが「三種の神器」（62ページ参照）の三つ目だ。

スサノオは霊妙な剣だと感じて、私物にせず、天神《あまつかみ》に献上した。

「大蛇の尾から鉄剣」は何を暗示している？

ところでこのヤマタノオロチだが、「たたら製鉄」の比喩《ひゆ》ではないかという説があるんだ。「たたら製鉄」というのは、製鉄の際、炉《ろ》に空気を送り込むのに使われる「鞴《ふいご》」が「たたら」と呼ばれていたために付けられた名称で、古代から近代まで国内で生産される鉄のほぼすべてが、この「たたら製鉄」によるものだった。

ヤマタノオロチは溶鉱炉《ようこうろ》から流れ出る銑鉄《せんてつ》の比喩であり、それを討伐《とうばつ》したスサノオ

は、たたら製鉄を生業《なりわい》とする一族を支配下に治めたという解釈だ。ヤマタノオロチの尾の中から出てきたのが「鉄剣」（草薙剣）というのも、それを暗示している。

その後、スサノオはクシナダ姫と結婚して出雲の**清地《すが》**（須賀）という土地に宮殿を建てた。やんちゃだったスサノオも、家庭を持って落ち着いたのだろうか、「私の心は**すが**すがしい」（しゃれのつもり）と言って、次の最古の和歌を詠《よ》んだ。

八雲《やくも》立つ　出雲八重垣《いずもやえがき》　妻ごめに　八重垣作る　その八重垣を

訳 何重にも重なり合って雲が立ち上る。出雲の国に立ち上るのは八重垣のような雲だ。私は妻を得てこの宮殿を建てる。その宮殿の周りを取り囲む八重垣のように、雲は八重の玉垣を作っている。※「八雲立つ」は「出雲」にかかる枕詞《まくらことば》。

二人は大己貴神《おおあなむちのかみ》を生むが、これがのちの大国主神《おおくにぬしのかみ》（オオクニヌシ）。「大国主」という名は、「偉大な国の主人」という意味だ。

やがてスサノオは両親の言いつけ通り、根国へと旅立っていった。

オオクニヌシはなぜ「国譲り」を迫られたか

『古事記』に登場する**大国主神（オオクニヌシ）**は、さまざまな試練を乗り越え、意地悪な兄たちを倒して地上の王となる。王となったオオクニヌシは結婚したが、別の女性とも情を交わし、八千矛神《やちほこのかみ》の名で多くの恋愛物語を残している。

『日本書紀』の本文にはそうした話は収録されていないけど、別伝に多くの女神との間にたくさんの子をもうけたことが書かれている。その数、百八十一柱!!

子作りに励むと同時にオオクニヌシは、精力的に葦原中国（地上世界）の国造りにも励んでいる。その時のパートナーが小さき神である**少彦名命《すくなびこなのみこと》（スクナビコナ）**だ。

オオクニヌシがスクナビコナに初めて出会った時、あまりの小ささに姿を認識でき

波の上にちょこんと乗ってやって来たスクナビコナ。一寸法師のモデルとも

なかった。この数センチの小さな神については、アイヌの伝承に登場する小人、コロポックルと同じ種族ではないかという説もある。

また、木の実を半分に割って作った小舟に乗って現れる姿は、のちの**一寸法師のモデル**になったとされているんだ。

スクナビコナは、病気の治療法や酒造の技術に長《た》け、さらに農耕やまじないなど、多彩な才能を持った神だった。でも意外に気分屋さんだ。ある日突然、

「僕は海の彼方にある理想郷、『常世国《とこよのくに》』に行くよ、アデュー」

と言って去ってしまう……。
唖然茫然《あぜんぼうぜん》、困ったオオクニヌシだったが、そこに三諸山《みもろやま》（三輪山《みわやま》）に祀られる神、**大物主神《おおものぬしのかみ》（オオモノヌシ）**が現れ、協力してくれる。なんてありがたい神だ。二人の力を合わせて、ついに国造りは完成した。

なお、『日本書紀』ではオオモノヌシはオオクニヌシの分身とする記載があり、この二神を同一神としてとらえている。

タケミカヅチ見参！「ド迫力の交渉テク」とは？

オオクニヌシを中心にした国造りが終わって、葦原中国（日本の国土）は次第に繁栄していく。それを見た**高皇産霊尊《たかみむすひのみこと》（タカミムスヒ）**は、

「オオクニヌシごときがトップでは荷が重いだろうな」

と勝手に決めて、葦原中国を自分の息のかかった別の神に統治させることにした。

このタカミムスヒは巻第一の本文には登場しなかった神で、別伝において、天地開闢の時に現れた五神のうちの一柱とされている。月神と日神の祖であり、天地を創造した功績のある神だけど、なかなか欲深い神だ。自分は苦労せず、オイシイところだけを横取りしようとするとは……。

タカミムスヒは「俺様の言うことを聞け」とばかり、オオクニヌシに国を譲るよう使者を送った。

ところが、最初の使者はオオクニヌシに懐柔《かいじゅう》されてしまい、三年経っても報告すらしてこない。次にその息子を派遣したが父の言いなりになって、やはり報告一つ寄越《よこ》さない。さらに次の使者はオオクニヌシの娘と結婚して調子に乗り、自分で葦原中国を治めようと企んでしまう。次の次の使者も失敗に終わる……。

「なんてこったい」と悩むタカミムスヒは、今度こそ!! と**経津主神《ふつぬしのかみ》（フツヌシ）**を派遣しようとした。

その時、**武甕槌神《たけみかづちのかみ》（タケミカヅチ）**が、**「ハイハイハイ!! 私も」**と自ら名乗り出て、ともに出雲へと向かうことになった。

さすが藤原氏の氏神だけあって
登場の仕方もインパクト大のタケミカヅチ

この「タケミカヅチ」は中臣《なかとみ》氏（のちの藤原氏）の氏神《うじがみ》に当たる神だ。

本当は**「国譲り」**を成功させたヒーロー神はフツヌシ一柱だけだったんだけど、**『日本書紀』の編纂《へんさん》に大きな影響力を持っていたボク、不比等《ふひと》が政治的圧力をかけて「記紀」に割り込ませたというのが真相だ（笑）。**

さて、出雲国の五十田狭《いたさ》（稲佐《いなさ》）の浜に降りた二柱は、オオクニヌシに国譲りを迫る。

浜に天降《あまくだ》った二柱の神は剣の先を上にして地上に突き立て、切っ先に胡坐《あぐら》をかいて坐《すわ》り、オオクニヌシに向かって「国を譲

るか否か」と迫った。

お尻に剣が刺さる危険を顧《かえり》みない超絶ワザだ。きっとマジック、いや、これぞ神ワザなのだろう。

それを見たオオクニヌシは（お尻は痛くないのか!? と）恐れ慄《おのの》き、息子の**事代主神《ことしろぬしのかみ》（コトシロヌシ）**と相談したうえで国譲りを承諾し、この世を去って幽界へと旅立った。心中察するに余りある……。

ちなみに『古事記』では、オオクニヌシの子の一人である**建御名方神《たけみなかたのかみ》（タケミナカタ）**が国譲りに抵抗してタケミカヅチに力比べを持ちかけている。しかし、手づかみの試合で圧倒されたタケミナカタは信濃国《しなののくに》（現在の長野県）で降伏し、国譲りが達成された（諏訪《すわ》大社はタケミナカタを祀っているよ）。

タケミカヅチとタケミナカタのこの時の戦いが、「相撲《すもう》」の起源とされている。

「三種の神器」を携えて、天孫ニニギ、降臨！

ようやく天孫降臨《てんそんこうりん》の時がやって来た。**「天孫降臨」**、別名**「天降り」**は元来、神が天上界から地上界に降りることをいうものだ。しかし、転じて公務員などの悪慣習とも言える「天下り」にも使われるようになったのは、残念無念。

さて、「天下り」ではなく本当の「天降り」の話に戻ろう。アマテラスは、自分の代わりに息子夫婦に天降らせようとしたが、天降りの途中で子どもを生んだ……仲がよすぎ（笑）。その子が**天孫・天津《あまつ》彦彦火瓊瓊杵尊《ひこひこほのににぎのみこと》（ニニギ）**だ。

アマテラスは天孫ニニギを降臨させて葦原中国を治めさせることにし、多くの神々をお供として授けた。

ニニギは高天原から日向《ひむか》（九州の南部）の高千穂峰《たかちほのたけ》に天降った。現在の宮崎県高千穂町と宮崎・鹿児島両県にまたがる高千穂峰《みね》のそれぞれに伝承がある。

「三種の神器」を携えて降臨する
ニニギノミコト（『天孫降臨』狩野探道）

この時、ニニギは**「三種の神器」**（62ページ参照）を携えていた。

別伝の一つに、この天孫降臨の時、**猿田彦神《さるたひこのかみ》（サルタヒコ）**がニニギの降臨を邪魔しに現れたとある。

それを見事に退《しりぞ》けたのが、天岩屋戸事件の時に活躍したウズメちゃんだ。

ウズメちゃんは邪魔するサル

タヒコを屈服させ、逆に降臨の先導役をさせることに成功したのだけど、**ウズメちゃんの必殺技は「乳房と女陰を見せつける」こと**だった。古代において、女陰は魔物を退散させる力があると考えられていたんだ。

サルタヒコは鼻が長く、赤いホオズキのように輝く巨神で、赤鼻の天狗《てんぐ》の原型とされている。その長い鼻は男性器の象徴ともいわれ、のちにウズメちゃんと結婚したとされる。めでたし、めでたし。

ちなみに、**手塚治虫《てづかおさむ》の大傑作『火の鳥』シリーズ**には、「猿田」もしくは「猿田彦」という人物が多く登場する。それらの多くが、鼻が大きいという身体的特徴を持っているのは、この神話からヒントを得たものだろう。

◎ミステリアスすぎる「天逆鉾」の謎

天孫降臨の候補地とされる高千穂峰は、標高一五七四メートル。霧島連峰の一つで、山頂にはニニギが逆さに突き立てたという**「天逆鉾《あまのさかほこ》」**がある。

天孫ニニギが突き立てたとされ、
奈良時代にはすでに存在していたと伝えられる天逆鉾

坂本龍馬《りょうま》と妻のお龍《りょう》の二人は、日本で最初とされる新婚旅行の際にこの山頂を訪れ、天逆鉾を抜いた。

当時は男性しか登ってはいけない山だったけど、お龍は男装して龍馬と二人で高千穂峰に登ったという。

この天逆鉾は火山の噴火で一度折れてしまい、今見られる逆鉾は数百年前に何者かがあつらえたレプリカなんだって。

奈良時代にはすでに存在していたというオリジナルの天逆鉾は、いつ、誰が作ったものかわかっていない、ミステリアスな存在だ。

コラム

三種の神器

「三種の神器」とは、天皇即位の儀に必要な皇位の璽《しるし》である「鏡と剣と玉」すなわち、八咫鏡・天叢雲剣（別名「草薙剣」）・八尺瓊勾玉のことだ。

実はこの三種の神器は、今上《きんじょう》天皇はもちろん、歴代天皇でさえも実際に見てはいけないという「秘中の秘」の代物《しろもの》。だから、本当に実在しているのかどうかもわからず、多くの謎に包まれている。

三種の神器の現在の所在地は、次のようになる。

＊八咫鏡……伊勢神宮の内宮正殿《ないくうしょうでん》
＊天叢雲剣（草薙剣）……熱田《あつた》神宮本宮
＊八尺瓊勾玉……皇居の宮中三殿「剣璽《けんじ》の間」

しかし、源平合戦の壇ノ浦《だんのうら》の戦いの際、平清盛《たいらのきよもり》の妻、二位尼時子《にいのあまときこ》が草薙剣と八尺瓊勾玉とともに入水《じゅすい》し、八尺瓊勾玉は見つかったものの、草薙剣は見つからなかったはずだから、実在しているのはおかしいね。

ところが、海中に沈んだ草薙剣は、実はレプリカ（といっても、ちゃんと儀式を経て神器として認められたもの）であり、のちに改めて別のレプリカが伊勢神宮から与えられて事なきを得たという。

つまり、なんだかんだ言って、実物はすべて実在している!?

まあレプリカかどうかは措《お》いておくとして、天皇として即位する際には、この三種の神器を所持していることが、正統たる証《あかし》であるとされたのは事実だ。

コノハナノサクヤヒメ、決死の「火中産」!!

高千穂峰に降り立ったニニギは、やがて一人の見目麗しい女性に出会う。その名を木花之開耶姫《このはなのさくやひめ》（サクヤ姫）という。あまりの美しさに心奪われたニニギが召し寄せたところ、一夜のうちに身ごもったという。ニニギは言った。

「いくら私が天神《あまつかみ》だからといって、どうして一晩でお前を身重にさせることができよう。それは私の子ではあるまい」

これを聞いたサクヤ姫は怒り、かつ恨《うら》んだ。そして出入り口のない産屋《うぶや》を造り、その中にこもって「誓約《うけい》」（40ページ参照）をすることにした。

なんだか天岩屋戸事件を思い出す……。

「もしも私の身ごもった子がニニギの御子でないならば、その子は焼け死ぬでしょう。でもニニギの御子であれば、どんな焔《ほのお》も傷一つ付けることはできないでしょう」

こう言って火を付け、小屋ごと焼いた。

火中産にチャレンジだ。

サクヤ姫が生んだ子どもたちは神三柱。誰も焼け死ぬことはなく、サクヤ姫の潔白は証明された。この三柱のうちの二柱が、火闌降命《ほのすそりのみこと》（ホスセリ）と彦火火出見尊《ひこほほでみのみこと》（ヒコホホデミ）、有名な「海幸彦《うみさちひこ》」と「山幸彦《やまさちひこ》」だ。

ちなみに山の神の娘であったサクヤ姫を浅間神《あさまのかみ》（火山神）と見て、富士山を祀る浅間《せんげん》神社の祭神とされている。

◎天皇に「寿命」ができてしまったワケ

ニニギが絶世の美女サクヤ姫と結婚する際、彼女の父（大山祇神《おおやまつみのかみ》）が喜んで、祝いの品とともに姉の石長比売《いわながひめ》（イワナガ姫）も差し出した。

当時、一人の男性に姉妹二人で嫁ぐことは珍しくなかったけど、**イワナガ姫は妹のサクヤ姫とは違って醜《みにく》かったので、一目見るなりニニギは彼女を追い返してしまった**（失礼なヤツ）。

イワナガ姫は嘆いた。実はイワナガ姫は、「石長」という名の通り、石のように長い命を保つ能力を持っていて、彼女と結婚すればニニギは永遠の命が手に入るはずだったんだ。

一方、妹のサクヤ姫は木の花が咲くように繁栄する反面、命には限りがあり、寿命を迎えてしまうのだった。

ニニギはイワナガ姫を追い返してしまったがために、永遠の命を手に入れることができず、しばらくして崩御《ほうぎょ》する。そしてニニギの子孫の天皇の寿命も、神々ほどは長くないことになってしまった（残念無念）。

なぜ『日本書紀』では「出雲神話」がばっさりカットされた？

日本神話の中で最も親しまれている話の一つ、**「稲羽《いなば》（因幡《いなば》）の素兎《しろうさぎ》」は『日本書紀』には登場しない**。これは「出雲神話」と呼ばれるものの一つで、オオクニヌシの登場篇とも言えるものだけど、『日本書紀』ではカットされている。なぜだろうか？

当時のオオクニヌシは、『万葉集』において次のように「国造りの神」として詠《うた》われているくらい、すでに全国区の神様だった。

大汝《おおなむち》　少彦名の　いましけむ　志都《しず》の石屋《いわや》は　幾代《いくよ》経《へ》にけむ

訳 大汝（オオクニヌシの別名）と、少彦名（スクナビコナ）がいらっしゃった志都

（現在の島根県邑南町《おおなんちょう》）の石屋は、どれくらいの年月を経たのだろうか。

「出雲神話」は、オオクニヌシが兄たちやスサノオからの迫害やさまざまな試練を乗り越えて国造りを進め、ついに葦原中国（日本）を完成させて繁栄の礎《いしずえ》を築くという、英雄オオクニヌシの成長物語だ。話自体おもしろいし、『古事記』では全体の約十二分の一という大きな割合を占めている……。

◎まさに「歴史は勝者がつくる」を地でいく編纂方針

しか〜し、この英雄譚《たん》を『日本書紀』にはどうしても載せるわけにはいかなかった。

実は、**オオクニヌシの属していた「出雲族」を、天皇の先祖「天孫族」（ヤマト王権）が征服した可能性が高い**からなんだ。

かつてライバルだった「出雲族」の英雄オオクニヌシの話を載せるなんてあり得ない、という編纂方針で、ばっさりカットしたというのが真相だ（出雲族の人、ごめんなさい）。

「国譲り」のための使者を何度派遣しても成功せず、最後は強引にオオクニヌシに国譲りを承諾させるという話は、天孫族（ヤマト王権）が出雲族を征服するのに手こずったことの証拠と言える。

事実、出雲から大量の銅剣や銅鐸《どうたく》が出土し、四隅突出型墳丘墓《よすみとつしゅつがたふんきゅうぼ》という出雲地方独特の墓が北陸地方にも点在していることから、出雲には強大な勢力があり、それが日本海沿いに広く及んでいたことがうかがえる。

ちなみに旧来は一般的に「大和《やまと》朝廷」と書いていたけど、近年は「ヤマト王権」「ヤマト政権」とカタカナ表記するのが一般的になっているので、この本では「ヤマト」とカタカナで表記するね。

出雲族のオオクニヌシの英雄譚は『日本書紀』ではばっさり割愛

「出雲大社の造営」に秘められた謎

『日本書紀』には書かれていないのだ

が、『古事記』においては**「国譲り」**を承諾するに際して、**オオクニヌシが出した条件**がある。それは自らを祀る宮殿、**「出雲大社」**の造営だった。

現在の出雲大社本殿の高さは二十四メートル（八丈）だが、平安時代にはさらに高くて四十八メートル（十六丈）もあったといわれている。

平安時代の貴族、源為憲《みなもとのためのり》が著した『口遊《くちずさみ》』には、

雲太《うんた》・和二《わに》・京三《きょうさん》

とある。これは当時の高層建築ベスト3のことで、**一位が出雲大社、二位が東大寺大仏殿、三位が京の大極殿《だいごくでん》**ということを表していた。

奈良の大仏殿や御所の正殿に当たる大極殿よりも高い建物だったという出雲大社。正式な名称は「いづもおおやしろ」と呼び（旧名は杵築《きずき》大社）、縁結びの神・福の神として有名だが、祭神オオクニヌシは今何を思って見守っていてくれるだろうか。

海幸彦と山幸彦――「隼人族と天孫族の戦い」を暗示？

火中産にチャレンジして成功したサクヤ姫が生んだ兄弟の、有名な**「海幸彦と山幸彦」の物語**を紹介しよう。

兄の海幸彦（ホスセリ）と弟の山幸彦（ヒコホホデミ）とが、ある日相談して、試しに互いの道具を交換してみることにした。山幸彦は釣り道具を持って海へと向かった。山で鳥獣を獲る能力は抜群の山幸彦だったが、海での漁はさっぱりだった。

海幸彦も山での獲物は獲れず、

「やっぱり餅は餅屋だ。オレには向いてないよ」

と言って、山幸彦から借りた弓矢を返した。ところが山幸彦は、借りた釣鉤《つりばり》を失くしてしまった。そこで自らの太刀《たち》から大量の釣鉤を新しく作って返したんだけど、兄の海幸彦は怒ってしまって元の釣鉤でなければ許さないと言う。

悩んだ山幸彦だったが、幸いにもある神の助けで**海神《わたつみ》の宮殿**に到り、そこで事情を説明して、鯛《たい》の口に引っかかっていた兄の釣鉤を無事に見つけ出すことができた。しかし、歓待された山幸彦は故郷に帰ることなく、海神の娘の**豊玉姫《とよたまひめ》（トヨタマ姫）**と結ばれ、海の底の宮殿で暮らしていた。よほど居心地がよかったんだねぇ。

三年の月日が経った。

さすがに望郷の念が強くなった山幸彦は、海神から潮の満《み》ち干《ひ》を操る玉を授けられ、見つけた釣鉤を持って地上へと戻った。そして潮を操り、無理を言って自分を苦しめた兄の海幸彦を懲らしめることに成功したんだ。

……この話は、**天孫族と隼人《はやと》族との闘いを神話化したもの**とされている。

海幸彦は南九州にいた熊襲《くまそ》（108ページ参照）の始祖であり、天皇の祖先である山幸彦の天孫族が、彼らを平定し服従させたことを神話化したものだ。

ところで、『日本書記』の別伝には「山幸彦に懲らしめられた時、許しを請うために海幸彦がフンドシ一丁の姿になり、浜辺で芸を見せた」とある。その所作はまさに相撲の土俵入りそのもの。四股《しこ》を踏み、蹲踞《そんきょ》し、塵手水《ちりちょうず》（柏手《かしわで》ののち両手を左右に開き、掌《てのひら》を返す動作）をする。この伝統の所作は今も受け継がれているね。

海神の娘・トヨタマ姫の出産

山幸彦が故郷に戻る時、妻のトヨタマ姫は身ごもっていた。いよいよ臨月を迎えて海底から海辺へと現れ、出産のために造られていた産屋《うぶや》に入った。

「私がお産をする時、どうかご覧にならないでください」

どこかで聞いたような台詞《せりふ》だね。でも、そう言われるとかえって見たくなるのが人情というもの。案の定、山幸彦は誘惑にかられてこっそり中の様子を覗いてみた。

山幸彦が海神の宮殿から戻り、仮の住まいとした跡地と伝わる「鵜戸《うど》神宮」。トヨタマ姫もこの地で出産したという

……（しばし絶句）……そこには龍に姿を変えてお産をしているトヨタマ姫の姿があった。

見られたことに気付いたトヨタマ姫は、悲しみながらこう言った。

「あなたが私に恥ずかしい思いをさせなければ、海と陸との間に道を作って永久に往《い》き来ができるようにしましたものを」

かえすがえすも覗き見はしちゃダメだね。

そして生んだ御子を海辺に置いたまま、去っていってしまった。

「トヨタマ姫〜、カムバック!!」

と叫んでも後の祭りだ。

その子の名は、**彦波瀲武鸕鷀草葺不合尊**《ひこなぎさたけうがやふきあえずのみこと》（**ウガヤフキアエズ**）……長い名前だ。「鵜《う》の羽で造った渚の産屋で、屋根が葺《ふ》き終わらぬうちに生まれた勇ましい神」というくらいの意味の名前だ。

爆誕！「天の神、山の神、海の神」の血が流れる神武天皇

ウガヤフキアエズは、叔母《おば》（!!）に当たる**玉依姫**《たまよりひめ》（**タマヨリ姫**）と結婚した。タマヨリ姫は、姉トヨタマ姫の出産の手助けのために海の底から地上に来て、姉が海の底に帰った後も地上に残っていたようだ。母のいないウガヤフキアエズは、マザコンとなり、母の妹と結婚したということだろう。

さて、二人は四柱の男子を生んだ。その四男こそ、**神日本磐余彦天皇**《かむやまといわれびこのすめらみこと》（**イワレビコ**）、のちの初代天皇である**神武天皇**だ。アマテラスの五世孫に当たる。

天孫降臨から神武天皇に続く、ニニギ、ヒコホホデミ（山幸彦）、ウガヤフキアエズの三代は、**「日向三代」**《ひむか》と呼ばれる。この日向三代は、高天原の神から天皇へのつながりを示しているんだ。

ニニギが「天の神」、ヒコホホデミが「山の神」、ウガヤフキアエズが「海の神」の血を引いている、そのすべての血が一人に流れ込む、まさに**ハイブリッド中のハイブリッド、それが神武天皇**なのだ。

天皇の祖先が神であり、人知を超えた強力な力を持つ理由を説明すると同時に、神が人間になったことで、寿命が生じたり、海や山を自由に往き来できなくなったりしたことを矛盾なくうまく説明している。お見事（あっ、自画自賛）!!

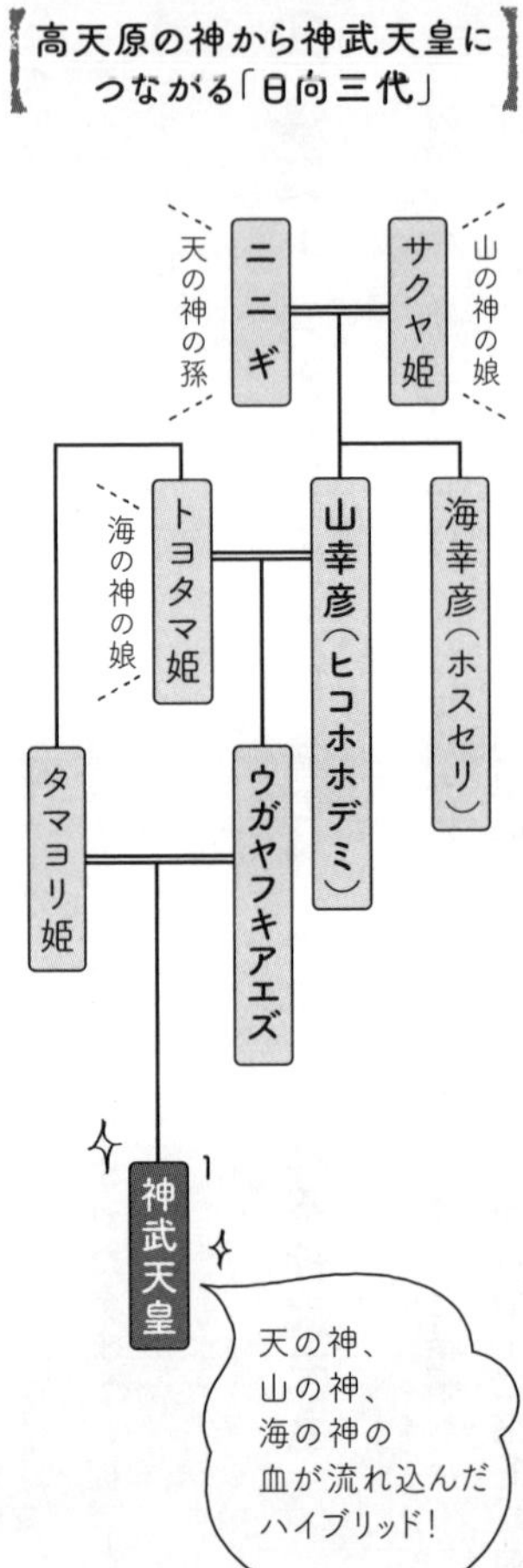

2章

「神武東征」から悲劇の英雄・ヤマトタケルの物語

……うるわしの「大和の地」で巻き起こるドラマ！

日の神の子孫・神武天皇の東征!! その作戦とは?

東征を開始
お待たせ
船で行くよ!!
…ずいぶん経ったねえ~
途中苦戦もしたけれど
太陽を背にして
「日の神の威光を背負って
兄さん
勝ったよ!!
勝利!!
女性だらけの軍隊を作成
『アマゾネス大作戦』も
大成功!!
こっちだカー!!
GO GO
行くわよ~
金鵄の閃光で
目つぶし
勝利!!

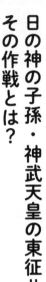

紀元前六六七年
天孫降臨から
百七十九万二千四百七十余年
イワレビコこと、のちの

紀元前六六七年、**イワレビコこと、のちの神武《じんむ》天皇は、東征《とうせい》**を開始する。

日向国《ひむかのくに》(現在の宮崎県)にいた神武天皇はこの時、45歳。すでに結婚して子どもも生まれていた。神武天皇は兄や御子《みこ》たちを前に次のように言った。

「天孫が降臨されてから、今日まで百七十九万二千四百七十余年もの歳月が流れた。聞くに、東方に美しい国があり青い山々が四方を囲んでいるという。きっとその国は天地の中心だ。そこに行って都を定めることにしようではないか」

百七十九万年!! そりゃ、そろそろ日向国にいるのも飽きてきた頃でしょう。しかも、東に素晴らしい国があるなら神武天皇の言うことももっともだ、よし、行こう!

ということで、神武天皇は三人の兄と御子たちなどを率いて東征に出発した。

もちろん道路が整備されているはずもなく、遠征といえば船が主たる交通手段だ。その船出の地とされる宮崎県の美々津《みみつ》には、一九四〇年の皇紀《こうき》二千六百年を記念して「日本海軍発祥の地碑」が建っている。

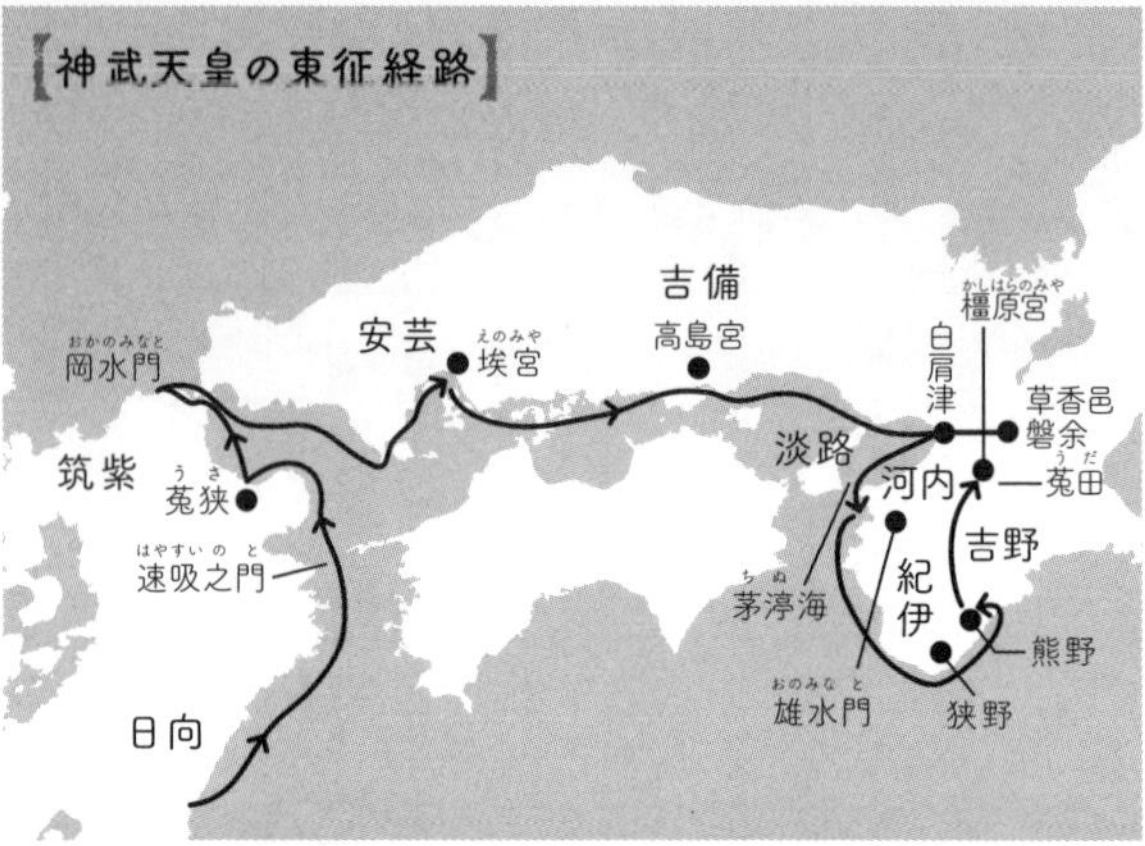

【神武天皇の東征経路】

神武天皇一行は、日向から海路北上して筑紫《つくし》（九州北部）から関門海峡を経て瀬戸内海に入って東へ漸進《ぜんしん》し、安芸《あき》（広島県）、吉備《きび》（岡山県）を経て河内国《かわちのくに》の白肩津《しらかたのつ》（現在の大阪府東大阪市日下《くさか》付近）に到った。

『古事記』ではこの東征にトータル十六年の歳月がかかっているけど、『日本書紀』では六年余りと短い。

特に吉備に八年も滞在して、入念に戦闘態勢を整えたと『古事記』には書かれているのに、『日本書紀』ではその期間を大幅に端折《はしょ》っている。

それには、理由がある。

ヤマト王権に楯突《たてつ》いた**「吉備王国」**の存

在を認めたくなかったからだ。

さて、白肩津からは徒歩で東に軍を向け、大和《やまと》（現在の奈良県）の地に入ろうとした。この時に土豪《どごう》の**長髄彦《ながすねひこ》（ナガスネヒコ）**が立ちふさがり、両軍が衝突して激戦になった。神武天皇の兄の五瀬命《いつせのみこと》（イツセ）が矢に当たって深手《ふかで》を負ってしまうなど、形勢は不利だった。そこで神武天皇が次のように説いた。

「私は日の神の子孫であるのに、太陽に向かって敵を撃つというのでは、天の道に悖《もと》ることである」

なるほど、一理ある。東に向かって攻めることは先祖神「アマテラス＝太陽」の昇る方向に向かって弓を引くことになる。だから苦戦するのだ。そこで、いったん逃げると見せかけて東に回り込み、今度は太陽を背にして日の神の威光を背負って戦うほうがよい、と神武天皇は判断したんだ。

この意見に賛同した一行は、一度退却して海へ戻り、紀伊半島の沿岸を回って熊野を目指した。途中、深手を負っていた兄のイツセが亡くなり、また、海が荒れるのを鎮《しず》めるために我が身を海に投じたもう一人の兄（稲飯命《いなひのみこと》）も亡くなり、最後の兄も事態を嘆いて常世国《とこよのくに》（あの小人のスクナビコナが行った理想郷）に去っていってしまった。そ、そんな……。

……**残るは神武天皇ただ一人。**

だが、戦うしかない!!

◎"八咫烏の導き"に助けられ連戦連勝！

神武天皇は熊野に上陸し、アマテラスの助けで得た霊剣「韴霊《ふつのみたま》」や、同じくアマテラスから遣《つか》わされた**八咫烏《やたがらす》の導き**によって吉野へと到り、各地の土豪たちを制してついに大和へ入った。アマテラス様様だね。

ちなみに「八咫烏」の「咫」とは「親指と中指を広げた長さ」のことで、それが八つ分の烏、つまり大きい烏という意を表す。八咫烏は、古代では神意を伝える霊鳥とされ、三本足であると伝えられている。

三本足の烏、八咫烏を祀る熊野本宮大社

ちなみにこの「八咫烏」は、ボールをゴールに導いて勝利する神様として、**日本サッカー協会のシンボルマーク**として採用されているんだ。

さて、八咫烏に導かれて神武天皇勢が進む途中、強敵に苦戦していた時にとった作戦は、なんと女性だけの軍隊を繰り出す、人呼んで**「アマゾネス大作戦」**だ。

アマゾネス軍である「女軍《めいくさ》」を先兵として出陣させ、男性軍である「男軍《おいくさ》」が後方から挟《はさ》み撃ちにするというこの作戦は、当たりに当たって、連戦連勝街道を突き進んだ。

今こそ勝った、今こそ勝った。ああざまあみろ。
どんなもんだいお前たち！
どんなもんだいお前たち！

こんな歌まで作って士気を鼓舞した。

◎〝金鵄の閃光〟が眩しすぎて、敵方は戦意喪失!!

神武天皇は、兄の仇《かたき》であるナガスネヒコとの再戦に臨むことになった。しかし、敵ながらあっぱれ、再び苦戦が続いた。また負けるのか……。

その時、天がにわかに掻《か》き曇ってものすごい雹《ひょう》が降ってきた。そこに金色に輝く妙《たえ》なる鵄《とび》が虚空《こくう》をかすめて飛来し、神武天皇の弓の尖端《せんたん》に止まった。その鵄は光り輝き、稲妻のようであった。敵軍はその閃光《せんこう》に目がくらんで戦う気力を失い、敗れ去った。

神武天皇の弓の先に金色に輝く鵄が止まった
（『神武天皇御東征』野田九浦）

閃光を放つ金色の鵄による目つぶし攻撃で敵は気力を喪失した。今度は太陽を背にし、アマテラスを味方に付けて戦ったことも勝利に大きく貢献したんだね。

ちなみに、五月《ごがつ》人形になっている神武天皇は、雄々しく立っていて、弓の上に金鵄《きんし》が止まっているのが定番。

金鵄は『日本書紀』にのみ登場するんだ。

しかし、ナガスネヒコは最後まで自らの正統性を主張して抵抗した。

「私は降臨した天神《あまつかみ》の子、櫛玉饒速日命《くしたまにぎはやひのみこと》（ニギハヤヒ）に仕えている。天神の子がどうして二人いようか。お前はニセモノに違いない‼」

一説には、このニギハヤヒは神武東征に先立って、アマテラスから神宝を授かって河内国の哮峰《たけるがみね》（現在の大阪府交野《かたの》市）に降臨した神だとされる。とすれば、そのニギハヤヒに仕えるナガスネヒコの主張もわからなくはない。

ともかく、これを聞いた神武天皇は、自分が天神の子である証拠をいくつか見せたが、ナガスネヒコを改心させることはできなかった。

すると、なんとニギハヤヒは、意固地なナガスネヒコを見限って殺してしまった。ニギハヤヒは自軍の旗色が悪くなったのを察知し、ナガスネヒコの首を手土産《てみやげ》にして神武天皇に帰順したんだ。

神としてこの裏切り方はどーなの⁉　と思ってしまうニギハヤヒの卑怯《ひきょう》ぶりだけど、そのニギハヤヒを「物部《もののべ》氏の祖先」としてしまったのは、のちに同じ「排仏派」として戦う同志である物部氏に対して失礼だったかなぁ、と反省している（by不比等《ふひと》）。

橿原宮にて即位！　初代天皇の誕生

　こうして天下（といっても大和地方限定）を平定した神武天皇は、自ら「安住の地」と呼ぶ**橿原**《かしはら》（現在の奈良県橿原市）に宮を築き、**媛蹈鞴五十鈴媛命**《ひめたたらいすずひめのみこと》（**イスズ姫**）と結婚し（日向に残してきた妻子がいるのだが……）、即位して初代の天皇となった。

　イスズ姫は、**コトシロヌシの娘**だった。コトシロヌシは「国譲り」をしたオオクニヌシの息子（57ページ参照）であり、この結婚において、日向という他国からやって来た、いわばよそ者の神武天皇が、大和地方の豪族たちに認められたことになる。

　イスズ姫の名に含まれる「タタラ」は、炉に空気を送り込む「ふいご」の古称であり、**イスズ姫との結婚で神武天皇が製鉄技術を押さえた**とする説がある。スサノオがヤマタノオロチを退治した時も、たたら製鉄の一族を支配することになったと書いたように、鉄を手に入れるということは当時、非常に重要なことだったんだ。さて、英雄的な東征を終え、即位して三十一年が経った。丘の上に立ち四方を眺めながら神武天皇は言った。

「ああ、美しい国を得たものだ。その有様は、蜻蛉《あきず》が尾を返して二匹がつながっているようにも見える」

ここから、大和、広くは日本のことを「秋津洲《あきずしま》」と呼ぶことになったんだ。ちなみに「あきず」（平安以降「あきつ」とも）はトンボの古い呼び名に当たる（その交尾の様が日本）。神武天皇は127歳で崩御した。

◎神武天皇が示した「八紘一宇」の精神とは？

辛酉《しんゆう》の年一月一日、イワレビコは橿原宮において初代神武天皇として即位し、イスズ姫を皇后とした。この日付を西暦に換算すると、**紀元前六六〇年二月十一日**であり、二月十一日は「建国記念の日」（旧：紀元節）となっている。

「神武建国」の年から何年目というのが「神武天皇即位紀元（皇紀）」だ。戦前・戦中の日本では、「紀元」といえばこの「神武天皇即位紀元」を指していた。

皇紀二千五百四十九年（西暦一八八九年）に公布された『大日本帝国憲法』の第一条は「大日本帝国ハ万世一系ノ天皇之ヲ統治ス」だ。

こうして、日本の**「万世一系」**は神武天皇によって始まったのだ（といっても、神武天皇が実在したかどうかは確証がないと

ころだが……)。

即位の際に神武天皇が示した精神が**「八紘一宇《はっこういちう》」**(もともとは「八紘為宇《いう》」)。

この言葉は『日本書紀』に、

「掩八紘而為宇」=**「八紘《あめのした》を掩《おお》ひて宇《いえ》と為《な》さむ」**


と書かれている。意訳すれば、「天下を統一して、一軒の家に住むように仲良く暮らすのは、よいことではないか」という程度の意だった。

ところが、皇紀二千六百年に当たる西暦一九四〇年に、近衛文麿《このえふみまろ》内閣が基本国策要綱の中で大東亜新秩序を掲《かか》げた際に、「八紘一宇」という言葉を使って流行語となった。これは、「全世界を一つの家にすること」と解釈されて、大東亜共栄圏の建設、ひいては世界万国を日本天皇の名において統合すべし、と大きく歪曲《わいきょく》され、戦争遂行のスローガンに利用されたんだ。

神武天皇、およびボクを代表とする『日本書紀』編纂者たちの思いとは、まったく違う方向でとらえられた不幸な例といえるよね。

「欠史八代」の天皇は寿命が長すぎ!?

橿原宮で即位して初代天皇となった神武天皇は、日向国から東征に出発する前にすでに結婚していて、手研耳命《たぎしみみのみこと》（タギシミミ）をもうけていた。しかし、イスズ姫と結婚し、正式にイスズ姫が皇后になるに及んで、タギシミミは長男だけど皇位継承権のない庶子《しょし》となってしまったんだ。

神武天皇が崩御すると、タギシミミは皇位を継ごうと考え、異母弟二人を殺す計画を立てた。しかし返り討ちにあってしまい、結局、末子《ばっし》の神渟名川耳尊《かむぬなかわみみのみこと》が第2代綏靖《すいぜい》天皇として即位した……と『日本書紀』には書かれているのだけど、**第2代綏靖天皇から第9代開化《かいか》天皇までの八天皇は、実在していなかった可能性**が高い。

それを**「欠史《けつし》八代《はちだい》」**という。

初代神武天皇から第9代開化天皇までの治世を平均すると、その間の天皇の寿命は百歳を超える。例えば、神武天皇は127歳で崩御したことになり、以下の天皇の崩御の年齢も、綏靖天皇、安寧《あんねい》天皇、懿徳《いとく》天皇を除くと、常人の寿命をはるかに超えるものが多い。

第2代綏靖天皇（84歳）、第3代安寧天皇（67歳）、第4代懿徳天皇（77歳）、第5代孝昭《こうしょう》天皇（114歳）、第6代孝安《こうあん》天皇（137歳）、第7代孝霊《こうれい》天皇（128歳）、第8代孝元《こうげん》天皇（116歳）、第9代開化天皇（111歳）。

うーん、ちょっと無理があるかなぁ……。

春夏を一年、秋冬を一年と数えていた？

ただ、「欠史八代」を「実在した八代」と考える人もいて、その場合、不自然な長寿の理由として一年で二回、年を取るという年齢の数え方があったことを挙げている。

実は、古い時代には**春夏を一年、秋冬を一年と数えていた「春秋二倍暦」**というものがあったんだ。

今の一年で二回年を取る、つまり倍の速度で年を取ると考えると、神武天皇は64歳、綏靖天皇は42歳で崩御したことになり、それほどおかしな年齢ではなくなる。

それにしても、「欠史八代」の天皇については、『日本書紀』では、ほぼ系譜情報のみが記されているにすぎない（三分あれば読める!!）。天皇にまつわる物語や当時の歴史情報が書かれていないという点も、「欠史八代」の天皇が実在を疑われている要因だ。

神武天皇の即位を、紀元前六六〇年というトンデモない昔に設定してしまったので、実在する天皇までの間を埋めるために、八代の天皇を捏造《ねつぞう》したというのがホントのところだ。

崇神天皇へ三輪山の神から「夢のお告げ」

三輪山の神オオモノヌシが
結婚しようね!
はいっ
モモソ姫と結婚
なぜか夜にしか来ず姿が見えない
来たよ〜
お姿が見たいです
じゃあ見てもいいけど驚かないでね
翌朝・櫛箱を開けると
ギャー!
置いてあった箸がモモソ姫の陰部に刺さり
死亡
墓は"箸墓"と呼ばれるようになったとさ

実在した可能性が高いといわれる最初の天皇は、**第10代崇神《すじん》天皇**だ。崇神天皇の御世《みよ》に**疫病が大流行**し、民の半分が死に、農民が流浪《るろう》離散した。崇神天皇は朝に夕に天地の神に祈ったが、事態は収まらなかった。

そこで疫病の理由を知るために占いをしたところ、**倭迹迹日百襲姫命**《やまとととひももそひめのみこと》**（モモソ姫）**に**三輪山**《みわやま》**の神オオモノヌシ**が乗り移って、

「この災いは、私、オオモノヌシの祟《たた》りであり、自分を敬えば収まる」

と言った。そこでその通りにしたんだけど、疫病は収まらなかった。嘘つき～。

しばらくして崇神天皇は、**夢のお告げ**を受けた。

「わが息子を捜し出して吾《われ》を祀らせよ」

（わがままな神だなぁと思いつつも）崇神天皇はお告げ通り**オオモノヌシの息子（大《おお》田田根子《たたねこ》）**を捜し出し、父を祀らせたところ、今度こそ本当に疫病は収まり、五穀豊《ほう》穣《じょう》の平和が戻ってきた。

これは**大神《おおみわ》神社（奈良県桜井市）の創祀《そうし》縁起《えんぎ》**といわれているものだ。

三輪山の神オオモノヌシは「わが息子を捜し出して吾を祀らせよ」と
崇神天皇に「夢のお告げ」を伝えたという

大神神社は**三輪山自体を神体山**《しんたいさん》**（御神体）**とする。そのため、普通の神社のように御神体を安置する本殿を持たないという特徴がある。

森羅万象《しんらばんしょう》に神が宿ると考えた自然崇拝、アニミズム（精霊崇拝）的な神道《しんとう》の原初の姿と言っていい。

ところで、ここで登場する巫女《みこ》的な女性、**モモソ姫は第7代孝霊天皇の皇女、つまり崇神天皇の大叔母に当たる人で、未来のことを予知する能力**があった。

崇神天皇よ。こっそり自分を殺そうとする人がいるのを知らないで、若い娘と遊んでいるよ。

ある時、道端で童女がこんな歌を歌っているのを聞いて謀反《むほん》の前兆を感じ取り（誰でもわかる気がするけど）、謀反人の名前を言い当てた（これはすごい!!）。それを聞いた崇神天皇が見事に対応して謀反人を撃退する、という事件があった。

◎「モモソ姫＝卑弥呼」だった⁉

モモソ姫はこの後、自分に乗り移ってきたオオモノヌシの妻になった。しかしオオモノヌシは、昼には姿を見せず夜にばかりやって来るので、

「私は貴方のお顔を眺めたことがございません。どうか朝までご滞在ください。貴方の美しいお姿を拝見しとうございます」

と懇願した。オオモノヌシはこれを承知したが、「明日、私はお前の櫛箱の中に入

っているが、箱を開けた時、私の姿を見て驚いてはいけないよ」と注意した……このパターンは危険な香りがするね。

朝になってモモソ姫が櫛箱を開けてみると、中に美しい小蛇がいた。驚いたモモソ姫は思わず声を上げて泣いてしまった。それを見て人の姿に戻ったオオモノヌシは、「よくもお前は私に恥をかかせたな。お前にも恥をかかせてやる」と言って、大空を飛んで三輪山に帰ってしまった。

モモソ姫は後悔して泣き崩れ、尻もちをついた。その時、**置いてあった箸《はし》が陰《ほと》（陰部）に突き刺さって死んでしまったんだ。**

そのことから、彼女のお墓のことを**「箸墓《はしのみはか》」**と呼んだという。オオモノヌシ、酷《ひど》すぎないか……。

この奈良県桜井市にある箸墓《はしはか》古墳は邪馬台国《やまたいこく》の卑弥呼《ひみこ》の墓に違いない!! とする説があり、**モモソ姫こそ卑弥呼である**と唱える人がいる。

箸墓古墳は前方後円墳で、後円部の大きさは直径約百六十メートルもある巨大なものだ。『魏志倭人伝《ぎしわじんでん》(※)』に書かれている卑弥呼の墓の大きさ「径百余歩《けいひゃくよほ》」(=約百四十四メートル)にほぼ一致している。

モモソ姫の巫女的性格といい、初期最大級の前方後円墳「箸墓」の存在といい、この説はまんざらでもない気がする。

※『魏志倭人伝』は、中国の歴史書『三国志』の「魏書《ぎしょ》」にある〈東夷伝倭人条〉の俗称。

崇神天皇と神武天皇――二人の「ハックニシラス」

さて、疫病を無事に終息させた崇神天皇は、諸国平定のため「**四道将軍**《しどうしょうぐん》」と呼ばれる四人の将軍を、北陸《くぬがのみち》・東海《うみつみち》・西道《にしのみち》(山陽道)・丹波《たにわ》(山陰道)に派遣した。

「我が教えを受け入れない者があれば、ただちに兵を差し向けて討伐せよ」

崇神天皇の命を受けた「四道将軍」の大活躍で、わずか一年で諸国平定は完了した

（ちょっと盛ってます）。

この四道将軍の一人が阿倍氏《あべ》の祖とされる人物で、のちの37代斉明《さいめい》天皇時代に蝦夷《えみし》討伐で活躍した阿倍比羅夫《あべのひらふ》の業績が、四道将軍に書き換えられたという説もある。

崇神天皇の治世下、平和が訪れ人々は豊かになった。戸口を調査して課役《かえき》を割り当て、産業を興《おこ》すなど、**崇神天皇は見事な統治者**として描かれている。

実は、この**10代崇神天皇と初代神武天皇は、同一人物ではないかという説**がある。根拠としては、二人の天皇の別名がどちらも**「ハックニシラススメラミコト」**となっていることだ。「シラス」は「領らす」と漢字で書き、統治するという意味。「初めて国を治める天皇」の意だ。

とすると、初めて国を治めた天皇が二人存在することになり、おかしなことになってしまう。

よって、神武天皇と崇神天皇とは同一人物ではないか……。

たしかに、この二人の事績を総合すると、「苦労して初代天皇として即位したのち、諸国を平定し、平和と繁栄をもたらした人物」という流れができ、「ハックニシラススメラミコト」（初めて国を治める天皇）という名で称《たた》えられていることにも納得いく。

一人の偉大な天皇の事績を、二人に分けて記述したということだ。

高天原《たかまのはら》の神から天皇へとつながる「日向《ひむか》三代」の神話を経て、初代神武天皇は**神と人とをつなぐ役割**を担《にな》った。

そして、第10代崇神天皇が、のちの律令《りつりょう》制度における政務（太政官《だいじょうかん》）と祭祀（神祇《じんぎ》官）の両方を併《あわ》せ持つ**「祭政一致」の統治**を行った。

こういうストーリーだ。

この二人が同一人物であるという確証はないけど、もし二人の事績を併せ持つ初代天皇がいたとすると、スーパー偉大な天皇であったことは間違いないところだね。

なお、二人には「神」という字が付く諡号《しごう》が贈られているけど、「神」が諡号に付く天皇は、この二人以外には、第15代応神《おうじん》天皇と、その母の神功《じんぐう》皇后（大正時代以前は天皇として数えられていた）の四天皇しかいない。

「神」という字の持つ意味はとても深〜いのだ。

どちらを皇嗣にしようかな？　「夢占い」で決定！

崇神天皇には優秀な息子が二人いた。

このうち、どちらを皇嗣《こうし》とするか迷った崇神天皇は、**「夢占い」で決めることにしたんだ……**非科学的と言うなかれ。

科学だって、現代の宗教にすぎないかもしれないんだから。

天皇の命を受けた二人の皇子は、斎戒沐浴《さいかいもくよく》(※)してお祈りをし、眠りについた。まず兄が、続いて弟が見た夢の内容を天皇に奏上した。

問　どちらの夢の内容が次の天皇とするのにふさわしいだろうか？

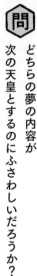

1【兄】三輪山に登り、東方に向かって八回槍を突き出し、八回刀を撃《う》ち振りました。

2【弟】三輪山に登って縄を四方に張り、粟《あわ》を食べる雀《すずめ》を追い払いました。

どちらも「三輪山（御諸山《みもろやま》）」がキーワードになっているあたり、この当時のヤマト王権にとって三輪山がどれほど重要な位置を占めていたか、わかるね。

さて、これを聞いた崇神天皇は、

「兄は東のほうだけ向いていた。だから東国を治めるのがよい。弟は四方を臨んでいた。まさに皇位を嗣《つ》ぐにふさわしい」

と言ったんだ。

そう、正解は②。この弟こそ活目尊《いくめのみこと》、のちの**第11代垂仁《すいにん》天皇**なんだ。

※神仏の祭事を行う前に、心身を清めるために飲食や行動を慎《つつし》み、身体を洗い清めること。

垂仁天皇の暗殺未遂！"黒幕"は皇后サホ姫!?

第11代垂仁天皇の代で起きた事件としては、まず**皇后狭穂姫《さほびめ》（サホ姫）**の兄による謀反だ。ある時、兄である狭穂彦王《さほびこのみこ》（サホビコ）が妹に向かって、

「お前は兄と夫（天皇）と、どちらが愛《いと》おしいか」

こう問いかけた。皇后は無邪気に、「私は、兄のほうを愛していますわ」と答えたものだから、大変な事態に発展する。これを聞いたサホビコは、

「お前は美人だから今は天皇から寵愛《ちょうあい》されている。しかし容色はいずれ衰えるし、天

下に美人は多い。いつかお前は捨てられてしまうだろう。そうならないためにも、私が帝位に即いて二人で天下に君臨しようではないか」

そう言うや、皇后に剣を渡し、「この剣を懐《ふところ》にしのばせて、天皇が寝ている間に頸《くび》を刺して殺すのだ」と命じた。しかし、サホ姫は夫の垂仁天皇を暗殺することができないまま、月日だけが過ぎていった。

そしてある時、天皇が皇后の膝枕で寝ていた。殺すチャンスだと思ったその瞬間、ひとりでに涙が溢《あふ》れ出て天皇の顔に落ちた。その涙に反応して天皇が目を覚まし、「小さな蛇が首に巻き付き、雨が顔を濡らす夢を見た」と言った。皇后は恐れ慄《おのの》いて地にひれ伏し、兄の叛意《はんい》を告白した。

「敬愛する兄の命に背《そむ》くことはできず、かといって愛する天皇を殺す勇気もなく、毎日ただ不安と悲しみで泣くばかりの日々を送ってきました」

それを聞いた垂仁天皇は、皇后を赦《ゆる》した。でも、サホビコを赦すことはできなかった。すぐさま軍隊を派遣し、サホビコの城《き》を取り囲み、火を放った。

その時、皇后サホ姫は自らの罪を贖《あがな》うために兄とともに焼け死んだ……悲しい結末だね。兄も天皇も愛していたんだろう、その板挟《いたばさ》みになって苦しんだサホ姫の心中を思うと胸が掻きむしられる。

◎史上初の「天覧相撲」が開催！

垂仁天皇の時代でおもしろいのは、**「史上初の天覧相撲」**が行われたことだ。

大和国の当麻邑《たぎまのむら》（現在の奈良県葛城市《かつらぎし》當麻《たいま》）に**当麻蹶速《たぎまのくえはや》（ケハヤ）**という天下無敵の力士がいた。

「天下広しといえども、私の力に匹敵する者はいないだろうな。私と同じような強力《ごうりき》の者と生死を賭けた勝負をしてみたいものだ。誰か挑戦者はいないか～」

と常々、周りに言いふらしていた。

これを伝え聞いた垂仁天皇は、天狗になっているケハヤを懲らしめるために、彼に負けない勇猛な力士はいないかと聞いたところ、臣下の一人が「出雲国《いずものくに》に野見宿禰《のみのすくね》という勇者がいます!!」と推薦したので、さっそく二人を召し寄せて戦わせた。

これが天覧相撲の起源とされているものなんだ。

「はっけよーい、のこった、のこった」という行司のかけ声で始まったかどうかは措いておくとして、**向かい合って立った二人がやったことは「足で蹴り合う」ことだった**。これは、今の相撲だと当然ルール違反だ。というか、相撲じゃないじゃん!!

ほどなく野見宿禰がケハヤの肋骨《ろっこつ》を蹴り折り、さらに腰を踏み砕いて殺してしまった。なにもそこまでやらなくても……。

垂仁天皇は勝利のご褒美《ほうび》として、ケハヤの土地を没収して野見宿禰に与えるとともに、そのまま宮中で仕えさせた(あの〜、勝負事とはいえ殺人ですけど……)。

日本の国技「相撲」の祖神とされる野見宿禰だけど、垂仁天皇が母の弟が亡くなった際の殉死者《じゅんし》を憐《あわ》れみ、殉死の慣習を禁止しようとした時、故郷の出雲から土師部《はじべ》を召し寄せて**「埴輪《はにわ》」を作らせ、それを殉死者の代わりにする案**を出して喜ばれている。

英雄ヤマトタケルは、なぜかくも悲しいのか

『日本書紀』では**「日本武尊《やまとたけるのみこと》」**、『古事記』では**「倭建命」**と記される**ヤマトタケル**は、第12代景行《けいこう》天皇の皇子で、第14代仲哀《ちゅうあい》天皇の父に当たる。熊襲《くまそ》討伐や東国征討を行い、ヤマト王権を拡大させた日本古代史上の伝説的英雄だ。

しかし、「記紀」でのヤマトタケルの記述は、内容や人間像ともに大きな違いがある。まずは『日本書紀』のほうから見ていこう。

父の景行天皇は多くの后妃《こうひ》を持ち、八十人もの皇子女《おうじじょ》があった。精力に溢れた景行天皇は、自ら西下して**熊襲征伐**を行った。熊襲とは九州南部に本拠地を構え、ヤマト王権に激しく抵抗したとされる人々のことだ。景行天皇は平定に成功し、九州を巡幸

して帰ったものの、その後再び熊襲は叛乱《はんらん》を起こした。

そこで景行天皇は、今度は息子のヤマトタケルを西征に向かわせることにした。

熊襲の本拠地に着いたヤマトタケルは、一計を案じた。

まともにやっては勝てない……まだ16歳の少年だったヤマトタケルは、結い上げていた髪（美豆良《みずら》）を解いて少女の髪のように垂らして女装し、剣を下着に隠し持って熊襲の酒宴に紛《まぎ》れ込んだ。

熊襲の首長はヤマトタケルの女装姿を見てその美しさに驚き、招き寄せた。ちょっと見てみたいものだね。

酒を飲んで油断していた首長の不意を突き、ヤマトタケルは隠し持っていた剣で胸を突いた（英雄と呼ぶには、ちょっと卑怯な気がするが）。死に際に首長が言った。

「私はこの国一番の勇者ですが、あなたほどの武勇の者には会ったことがありません。私ごとき賤《いや》しい者ではございますが、ひとつ御名を奉《たてまつ》らせてください。これから貴方様は『ヤマトタケル』とお称えいたしましょう」

その言葉を聞き終えた時、ヤマトタケルは剣を深く突き通して首長を殺害した……。実は、彼はそれまで「ヤマトオグナ（日本童男）」と呼ばれていたんだけど、ここで「ヤマトタケル」という名で称えられるようになったんだ。

◎蝦夷征伐——草薙剣とオトタチバナの入水でピンチ脱出

熊襲を討伐して大和に戻ったヤマトタケルは、父の景行天皇から褒《ほ》め称えられ、寵愛を受けた。次の東征の将に選ばれていた兄が怖《お》じ気《け》づいて逃げてしまったので、代わりにヤマトタケルが立候補した。

その際、景行天皇は、東国に住む凶暴な「蝦夷」の強さを語りながら、ヤマトタケルならば勝てるだろうと賛辞を贈る。

「猛《たけ》きこと雷電《いなびかり》の如《ごと》く、向かうところ敵なく攻めれば必ず勝つ。まさに神人《かみ》。この天下はお前のものだ。そして次の天皇という位はお前のものだ」

なんと、皇位継承の約束まで与えている!!

ヤマトタケルが意気揚々《ようよう》と東国の蝦夷征伐に向かう途中、駿河《するが》（現在の静岡県中部）で賊に襲われた時、神剣のお陰で難を逃れた。その剣こそ**三種の神器の一つ「天叢雲剣《あめのむらくものつるぎ》」**。東征に向かう前に、伊勢神宮の倭姫命《やまとひめのみこと》から授けられたものだ。

賊に騙《だま》されたヤマトタケルが、野原の真ん中で四方から火攻めにあって絶体絶命のピンチに陥った時、**剣がひとりでに周りの草を薙《な》ぎ払ってくれたことから「草薙剣《くさなぎのつるぎ》」と名が改められた。**

ただし、これは「別伝」に記されているエピソードであり、本文ではヤマトタケル

海神の怒りを鎮めるため海に身を投じた弟橘媛。『日本書紀』の中でも最も胸を打つシーンの一つ（『弟橘媛』伊東深水）

が火打石《ひうちいし》で迎え火を付けて脱出し、その後自分を騙《だま》し討《う》ちにしようとした賊を全員焼き殺している。残酷だけど、「目には目を」だね。

その後、相模《さがみ》（現在の神奈川県）から船で上総《かずさ》（現在の千葉県）に渡ろうとした時、海を見てヤマトタケルが言った。

「こんな小さな海、僕ならひとっ飛びで渡れるさ」

この大言壮語がいけなかった。海神《わたつみ》の怒りに触れたんだ。

航海中、突然暴風が起こり、船

は転覆の危機。その時、妃《きさき》の一人だった**弟橘媛**《おとたちばなひめ》**（オトタチバナ）**が、「これはきっと海神の仕業《しわざ》です。怒りを鎮めるために私が皇子の身代わりに海に入りましょう」と言うや海に身を投じた。

するとたちまち暴風は止み、一行は無事に上総を経て陸奥国《みちのくのくに》（東北地方）へと船を進めることができた。東京湾沿岸に袖ケ浦《そでがうら》（千葉県袖ケ浦市と習志野市袖ケ浦地区）という地名があるけど、これはオトタチバナの着物の袖が流れ着いたという伝説から名付けられた地名だ。

「伊吹山の神」との対決！　そして落命

ヤマトタケルは、蝦夷征伐に向かう船に大きな鏡を掲げて威勢を示し、

「私は現人神《あらひとがみ》の子なり」

と告げた。

野蛮で凶暴と恐れられた蝦夷たちも、それを見て慄《おのの》いて降伏し、以降は服従したという（ここでも策略勝ちで、戦って勝ったわけではないヤマトタケル……）。

無事に東征を果たしたのち、さらに次は**伊吹山**《いぶきやま》（現在の滋賀・岐阜県境）にいる悪い神の退治に向かったヤマトタケルは、草薙剣をうっかり妻の家に置いたまま出かけてしまった。そのためなのか、敵神の降らせた雹《ひょう》を防ぐことができず、濃い霧の中をさ迷っているうちに体を壊してしまったんだ。ヒーロー、絶体絶命のピンチ!!

意識が朦朧《もうろう》とする中、故郷の大和を目指すヤマトタケルだったけど、伊勢の能褒野《のぼの》（現在の三重県鈴鹿《すずか》市と亀山市にわたる台地）まで到ったところで力尽きて倒れてしまった。死期を悟ったヤマトタケルは天皇に使者を遣わして、

「神恩をこうむり、天皇の御威光のお陰で東征を成し遂げ、やっと安心して復命するところでしたが、余命いくばくもありません。この身は惜しくはありませんが、ただ父君にお仕えできなくなったのが残念です」

と奏上して、能褒野の地で亡くなった。

時にまだ30歳……若い、若すぎる死だ。

父の景行天皇は悲しみで寝食もならず、ヤマトタケルを能褒野の陵《みささぎ》に葬《ほうむ》る。

ところが、望郷の念にかられる**ヤマトタケルの魂は、白鳥となって大和を目指して飛び立った。**

天皇は部下に命じてその後を追わせ、白鳥の飛行ルートである、能褒野、大和琴《こと》弾原《ひきのはら》（現在の奈良県御所《ごせ》市）、河内旧市《ふるいち》（現在の大阪府羽曳野《はびきの》市）の三カ所に陵墓を築いた。

でも結局、その陵墓には目もくれず、白鳥は天翔《あまが》けって天に昇っていってしまった。

『古事記』のヤマトタケル像が暗示すること

『古事記』のヤマトタケル像と、『日本書紀』のそれとの一番大きな違いは、父である景行天皇との関係性だろう。

『日本書紀』で描かれる親子関係は良好で、ヤマトタケルはダメな兄に代わり、西征・東征を成し遂げてヤマト王権の拡大に努め、最後まで孝行な息子のまま亡くなっている。父の景行天皇も息子を称賛し、寵愛して次の天皇の位まで約束したくらいだ。

しかし、**『古事記』でのヤマトタケルは、なかなか凶暴だ。**

ヤマトタケルには大碓命《おおうすのみこと》（オオウス）という兄がいたんだけど、父景行天皇の好きになった美人姉妹を勝手に横取りして自分の妻にしてしまった。

その後、顔を見せなくなったオオウスに対して怒った景行天皇は、ヤマトタケル（小碓《おうす》という）に命じて謝罪しに来るよう伝えさせたけれど、いつまで経ってもオオウスはやってこない。不審に思った景行天皇がヤマトタケルに尋ねると、

「兄がトイレに入ったところを捕まえて手足を引きちぎって殺し、むしろに包んで投げ捨てました」

と、平然とした顔で答えた。マ、マジか……。

ヤマトタケルの凶暴さに恐れをなした景行天皇が、厄介《やっかい》払いをするように熊襲討伐を命じたという（気持ちはわかる）。これは『日本書紀』とはえらい違いだ。

また、女装して首長を殺害し、熊襲を平定したのは『日本書紀』と同じだけど、この後に行った**出雲討伐は『古事記』のみに記されている**（ここでも『日本書紀』では「出雲」は無視されている。67ページ参照）。

その顚末《てんまつ》だけど、ヤマトタケルは出雲の首長と懇意《こんい》になって油断させ、首長の持っていた刀を木刀にすり替えて騙し討ちにした……これまた卑劣な手段を使っている。

本当に英雄と呼んでいいのかどうか迷うところだね。

◎「倭しうるはし」――死を前に詠んだ国偲び歌

ヤマトタケルは意気揚々と大和へと凱旋《がいせん》した。ところが、旅の疲れもまだ癒《い》えていないヤマトタケルに対して、景行天皇はすぐさま東征を命じる。ヤマトタケルは、「父は自分のことを死ねと思っておられるのか」と嘆いた。

しぶしぶ東征に出かけたヤマトタケルだが、途中、相模国の野中で火攻めにあう。しかし、**草薙剣で草を刈り掃《はら》い、火打石で迎え火を付けて難を逃れる。**

これが有名なシーンで、多くの日本人はこの『古事記』の描写のほうを知っているだろう。

その後、ヤマトタケルは東征を成し遂げるんだけど、『日本書紀』と同様、草薙剣を持たず素手で伊吹山の神と対決した際、敵の神の祟りを受けて重い病になってしまう。

大和を目指す途中、能褒野に到達したところで自らの死を悟ったヤマトタケルは、

倭《やまと》は　国のまほろば　たたなづく　青垣《あおがき》　山隠《ごも》れる　倭《やまと》しうるはし

訳 倭（大和）は、国の中で最も素晴らしい場所だ。青々とした垣根のように重なり合った山々が取り囲む大和、うるわしき我がふるさとよ。

など、四首の**「国偲《くにしの》び歌」**を詠って亡くなった。

有名なヤマトタケルの国偲び歌だが、『日本書紀』ではこの場面が出てこないどころか、父の景行天皇が九州平定の途中に日向で詠んだ歌とされており、まったく違う扱いになっている。

『古事記』では、**ヤマトタケルの死の知らせを聞いて、大和から訪れたのは（父の景行天皇ではなく）后《きさき》や御子たち**だった。彼らは陵墓を築いて悲しみの歌を詠んだ。するとヤマトタケルの霊魂が白鳥となって飛び立った。

それを見た后や御子たちは、必死で走りながら後を追った。足が血まみれになることも厭《いと》わず白鳥を追い、行く先々で慟哭《どうこく》の歌を詠んだけど、やがて白鳥は天に翔《かけ》ってどこへともなく去っていってしまった。

『古事記』では、その凶暴性ゆえ、父の景行天皇に疎《うと》まれ、悲業《ひごう》の死を遂げる人間臭さに溢れるヤマトタケル像が描かれているのに対して、『日本書紀』では、父とは信頼関係で結ばれ、忠誠心溢れる誠実な孝行息子として描かれているんだ。

「記紀」が描いた対照的ともいえるヤマトタケル像だけど、原型は『古事記』のほうで、**『日本書紀』のほうは天皇礼賛《らいさん》のために改変された像**だろう（「そうです」by不比等）。

ただ、いずれにせよ西征・東征は一人の人物の行ったことではなく、いくつかの伝承や説話を組み合わせ、英雄ヤマトタケル像として作り上げたものだ。

◎白鳥陵――ヤマトタケルは天皇だった⁉

ヤマトタケルが能褒野で没した後、父の景行天皇が「陵」を三基築いた。これらは**「白鳥陵《しらとりのみささぎ》」**と称するんだけど、通常「陵」の字は天皇・皇后・太皇太后《たいこうたいごう》・皇太后のお墓に用いられる漢字だ。

ということは「記紀」で「陵」と表記されているヤマトタケルのお墓は、天皇ないしはそれに準ずるものという位置付けになる。

また、常陸国《ひたちのくに》（現在の茨城県）と阿波国《あわのくに》（現在の徳島県）の『風土記《ふどき》』に「倭建天皇」「倭建天皇命」と記されているところからも、**ヤマトタケルは天皇だったのではないかという説**がある。

他にも、ヤマトタケルと「倭の五王」（151ページ参照）の一人、雄略《ゆうりやく》天皇は同一人物ではないかという説や、雄略天皇の父ではないかという説もある。

同一人物説は、雄略天皇が西征・東征を

古代の伝説的英雄「ヤマトタケル」は白鳥陵に眠る。
大阪府羽曳野市にある白鳥陵古墳の拝所

行ったという事績の一致、またヤマトタケルの別名「ヤマトオグナ」と雄略天皇の別名「オグナ」との類似を挙げている。

雄略天皇の父説のほうは、ヤマトタケルの子どもの一人に「ワカタケル」がいて、それが雄略天皇の幼名と同一であることを挙げている。

真実は（タイムマシンでもなければ）わからないが、ヤマトタケルが西征・東征を行ってヤマト王権の勢力を拡大した伝説的英雄であり、三種の神器の一つである草薙剣を手にしているところからも、天皇に準ずる立場の人物であったことは、間違いないところだろうね。

3章

女傑・神功皇后から始まるヤマト王権の勢力拡大

……巨大古墳、大陸への進出
――大王たちの足跡に迫る！

摂政として君臨！
神功皇后の何がすごいのか？

わたくし偉いのよ
肖像紙幣にもなった
神功皇后
臨月なのに渡海して
三韓征伐!!
女王卑弥呼と同一人物の可能性あり
六十九年も日本を統治
凄いんだけど裏もありそう…
息子 応神天皇の父は誰？
夫 仲哀天皇の死因？

ヤマトタケルの第二子で、容姿端麗、身長は三メートル（！）に達するという大男がいた。叔父の第13代成務《せいむ》天皇には皇子がいなかったので、没後にこの容姿端麗な大男の彼が即位した。

第14代 仲哀《ちゅうあい》天皇である。神武《じんむ》天皇以降、直系（親子）ではなく皇位が継承された初めての例だ。

仲哀天皇は気長足姫尊《おきながたらしひめのみこと》を皇后に迎えた。**神功《じんぐう》皇后**と呼ばれたこの人こそ、夫の仲哀天皇崩御の後、息子の応神《おうじん》天皇が即位するまで、**日本で初めての摂政《せっしょう》として六十九年間も君臨した伝説の人**だ。

神功皇后は明治時代から太平洋戦争敗戦まで、実在の人物として学校では教えられていて、明治初期には日本における最初の女性肖像紙幣にもなったんだ。

また、切手にもその肖像が使われたけど、うどんやそばが二銭だった当時、五円と十円切手だったので、今のお金の価値に換算すると一万円とか二万円の高額切手ということになる。

それだけ「神功皇后は偉い」というイメージでとらえられていたんだ。

「神功皇后は偉い！」というイメージを象徴する
肖像紙幣と高額切手（国立印刷局所蔵）

神功皇后は六十九年間の摂政中、息子を皇位に即かせなかった。

これはやや不自然だ。そこで神功皇后が実は女帝として即位していたのではないか、という説が出てきた。『日本書紀』では巻第九の一巻を丸ごと神功皇后の事績に当てている。

そのことからも、神功皇后が天皇と同等の扱いを受けていることがわかる（全二十九巻だと中途半端だから、後から神功皇后を巻第九分として差し込んで全三十巻にしたという説もある）。

ちなみに明治時代以前は、神功皇后を実質的な天皇とみなして、「第15代の天皇」とした史書もあったんだけど、一九二六年に出された旧皇統譜令によって歴代天皇から外されているんだ。

突然の神憑り！「新羅国を攻めよ!!」

神功皇后は夫の仲哀天皇が熊襲《くまそ》を討伐するのに付き従って筑紫《つくし》（現在の福岡県）に下った。熊襲を倒す作戦会議をしていると、突然、神功皇后が神憑《かみがか》り状態になった。

そして、

「熊襲は不毛の土地だから討つ必要などない。私（神）を祀り、宝物溢れる朝鮮半島の新羅国《しらぎのくに》を攻めれば、戦わずして帰服させることができるだろう。その後、熊襲も帰服するだろう」

と神託《しんたく》を下したんだ。

でも、夫の仲哀天皇はその言葉を信じなかった。

それに対して、

「お前はその国を得ることはできないが、今皇后が身ごもっている、その子が得ることになるだろう」

と託宣《たくせん》が下りた。

結局、仲哀天皇はその託宣を聞かぬまま熊襲討伐を強行して失敗。翌年、崩御した。

歴代の天皇の中で神の怒りに触れて崩じたのは、この仲哀天皇ただ一人。

「哀」という字が諡号《しごう》に入っているのもむべなるかな……。

ただし、別伝では熊襲の矢を受けて崩じたとあり、実は敗死したというのが真実なのかもしれない。

神さまが西にある国を攻めよ
言うてます
なに言ってんの？西に国なんか見えんやん!!

神功皇后は夫の遺志を継ぎ、熊襲征伐を達成する。そしてアマテラスと住吉三神《すみよしさんしん》の託宣に従って海を越え、新羅へ攻め込んで勝利し、見事に百済《くだら》、高句麗《こうくり》（高麗《こうらい》）をも服属させる。

これは、**「三韓征伐《さんかんせいばつ》」**と称されたものだけど、さすがに盛りすぎで、当時の倭《わ》の実力から考えると、ちょっと無理がある話だ。

ただ、十九世紀に中国で発見された高句麗の**「好太王《こうたいおう》（広開土王《こうかいどおう》）碑文《ひぶん》」**に、倭が百済、新羅などを支配していたと記録されていたことから、神功皇后の新羅遠征を事実だとする説もある。

臨月のお腹にさらしを巻いて渡海！「三韓征伐」

新羅征討に向かう神功皇后は、実はお腹に子を宿していた（のちの応神天皇）。臨月を迎えた神功皇后は、渡海の際、お腹に二個の石を当て、上からさらしを巻いて包み、冷やすことで出産を遅らせたという（その石は卵型の美しい石で、**「鎮懐《ちんかい》石《せき》」**という。鎮懐石を祀る鎮懐石八幡宮《はちまんぐう》が福岡県糸島市にある）。

船が新羅に到着すると、神のご加護があり、船に沿って流れていた波が洪水となって新羅の土地を襲った。新羅王は、この前代未聞の事態に、

「東方に日本という神国があると聞く。また天皇という聖王がいるとも聞く。これは

きっとその国の神兵だろう。勝てるはずがない」

と言って戦うことなく白旗《しらはた》を掲げて降伏し、神功皇后に人質を差し出し、宝物を献上した。それを見た高句麗と百済も日本に朝貢《ちょうこう》するようになった（三韓征伐）。

こうして神功皇后の事績について書いていくと、デキすぎた話でかなり眉唾《まゆつば》なものが多いね。そもそも本当に神功皇后は存在したのだろうか……。

◎神功皇后は謎の女王・卑弥呼なのか？

ところで、『日本書紀』においては、**神功皇后を邪馬台国《やまたいこく》の謎の女王・卑弥呼《ひみこ》と同一人物だと考えたんだ。**「神功皇后が卑弥呼である」というストレートな表現はしてないけど、「神功皇后紀」には、『魏志倭人伝《ぎしわじんでん》』に書かれている「倭の女王・卑弥呼」についての記述を何カ所も引用して、「神功皇后＝卑弥呼」であることを匂わせておいた。

卑弥呼は鬼道《きどう》を行い、人々をうまく惑《まど》わした。夫を持たず、弟の補佐で政治が行われた。王となって以来その姿を見た者は少なく、侍女が千人いて、男子一人だけが出入りする卑弥呼の宮殿は厳重に囲われ、常に武器を持っている人が守衛していた。

これは『魏志倭人伝』に書かれている卑弥呼の姿だけど、神功皇后は夫の仲哀天皇が亡くなってからはずっと独身であったこと、また弟の存在や、巫女的な女性指導者だったりした点で、この記述にかなり合致する。

神功皇后は政治的・軍事的な指導者として活躍したという

ただ、卑弥呼が宮殿にこもって祭祀に専念していたのに対して、神功皇后は政治的・軍事的な指導者として表舞台に立って活躍した。

こうした違いもあって、絶対に同一人物だと断定するのは、少し無理があるような気もするところだ。

◎伝説の忠臣・武内宿禰との二人三脚

神功皇后は身重のまま三韓征伐を成功させて帰国し、大和《やまと》へと戻る途中の筑紫で皇子（のちの応神天皇）を生んだ。でも、仲哀天皇が崩御して十カ月以上経っていたため、実子かどうかが疑われたんだ（「鎮懐石」のおかげといわれてもねぇ）。

異母兄たち（忍熊皇子《おしくまのみこ》・麛坂皇子《かごさかのみこ》）にとっても、仲哀天皇の実子かどうかわからない異母弟が、次の天皇となることは納得がいかなかった。

「そもそも自分たちの母は、由緒正しき景行《けいこう》天皇の孫娘、たかが地方豪族の娘である神功皇后の子が次の天皇になるのはおかしい‼」

……言わんとすることはわかる。そこで皇位継承権を得るために反乱を起こしたけど、神功皇后は彼らを打ち破った。その時に活躍したのが**武内宿禰**《たけうちのすくね》という人物だ。

武内宿禰は第8代孝元《こうげん》天皇の子孫で、約三世紀（！）にわたって五代の天皇（景

五代の天皇に仕えたという、武内宿禰

行・成務・仲哀・応神・仁徳《にんとく》）と神功皇后に仕えたという**伝説の忠臣**だ。計算上、最低でも280歳から、最高で360余歳まで生きたという、とてつもないギネス級の記録を持っている。

武内宿禰は第二次世界大戦以前に発行されていたお札（一円札・五円札など）の肖像として描かれた有名人で、豊かな白髭《しらひげ》を蓄えた堂々たる人物として描かれていた。

ちなみに、『古今著聞集《ここんちょもんじゅう》』には、鎌倉幕府の第2代執権《しっけん》の**北条義時《ほうじょうよしとき》は、武内宿禰の生まれ変わり**だという話が載っている。

この武内宿禰と神功皇后との間の子が応神天皇ではないか、という説もあり、また『住吉大社神代記《すみよしたいしゃじんだいき》』には、住吉の神と神功皇后とが「密事《みそかごと》」を通わせて生まれたとあるけど、いずれも眉唾ものだろう。

しかし、都合よく出産を遅らせたという「鎮懐石」の話や、皇位継承権をめぐって異母兄たちが起こした反乱などから考えると、**応神天皇は神功皇后と仲哀天皇との間の実子ではなく、神功皇后と別の誰かとの間の子である可能性は高い。**

夫の諡号に「哀」の字があるのは、表向き「神の怒りに触れて崩じた」、あるいは、「熊襲によって殺害された」ということに由来しているけど、真実は「妻に裏切られて（不倫されたうえに）殺された」という意だと考えるのは、うがちすぎだろうか。

応神天皇即位！その時「王朝交代」はあったのか⁉

第14代仲哀天皇の第四皇子に当たる**第15代応神天皇**は、母の神功皇后が六十九年にわたり摂政をしている間、皇太子に留《と》め置かれ、神功皇后が崩御した翌年にやっと70歳で即位した。こうなると治世は短いかと思いきや、110歳まで生きたので、治世は四十年に及んだ（すごい）。

この応神天皇については、**「王朝交代説」**が唱えられることがあるんだ。

応神天皇はもともと九州の豪族だったけど、ヤマト王権が朝鮮出兵する際に次第に実力を付け、皇位を簒奪《さんだつ》したという説だ（井上光貞《みつさだ》氏など）。

前述したように、神功皇后が夫の死後十カ月以上経ってから筑紫で応神天皇を生んだということ、また、次の天皇を応神とする皇位継承に納得がいかない異母兄たちが反乱を起こしたことなどから、**応神天皇の出自には問題があり、即位にはなんらかの抵抗があった**ことが想定される。

応神天皇が第12代景行天皇の曾孫である仲姫命《なかつひめのみこと》を娶《めと》っているのも、ヤマト王権とは縁の薄かった応神天皇が、入り婿《むこ》的立場を取ることでヤマト王権入りするために融和策を取った可能性がある。

応神天皇は、実は「マスオさん」だったのかもしれないね。

また政権の拠点を大和地方から河内地方《かわち》（現在の大阪府南東部）に移していることから、河内の豪族だった応神天皇が新たな王朝を創始したという**「河内王朝」**説も、直木孝次郎氏らによって唱えられている。

なぜ〝戦勝の神〟である八幡神と同一視された？

応神天皇は**八幡神**《はちまんしん》（「やはたのかみ」とも）と同一視される。

八幡神（応神天皇）を祀る総本社・宇佐神宮。
全国の武家から崇敬を集めた

『日本書紀』にはそうした記述はないものの、八幡神発祥の地とされる大分県の宇佐《うさ》神宮の社伝によると、第29代欽明《きんめい》天皇（177ページ参照）時代、宇佐に八幡神が翁《おきな》の姿で現れ、さらにその三年後に今度は3歳の子どもの姿で示現《じげん》し、「私は応神天皇である」と告げたという。

そこで、**八幡神と応神天皇とは同一視**されるようになったんだ。

また、応神天皇は三韓征伐に成功した神功皇后の子であることから、その神霊である**八幡神は戦勝の神、軍神とみなされる**ようになり、のちに清和源氏《せいわげんじ》、桓武平氏《かんむへいし》など全国の武家から武運の神として崇敬を集めた。

神道と仏教が結び付いた「神仏習合《しんぶつしゅうごう》」においては、「八幡大菩薩《だいぼさつ》」とも称されるようになった。

『平家物語』の中のハイライトシーンの一つとして有名な屋島の戦いにおいて、那須与一《なすのよいち》が平家方の船上の扇を射《い》る時、

――南無《なむ》八幡大菩薩。どうか的の真ん中を射当てさせたまえ。

神仏習合によって「八幡大菩薩」とも称されるようになった応神天皇

こう祈って目を閉じたまま矢を放ったところ、七、八十メートルも先にある扇を見事に射抜いたという。「八幡神、いや応神天皇ありがとう」(by与一)というところだろう。

聖帝・仁徳天皇は、いろんな意味ですごかった

八幡神、応神天皇の跡を継ぐのは誰か!?

ここでひと悶着《もんちゃく》があった。

応神天皇は末子の菟道稚郎子《うじのわきいらつこ》（ウジノワキ）を寵愛していたんだけど、応神天皇が崩御した後、ウジノワキは兄の大鷦鷯尊《おおさざきのみこと》（オオサザキ）に遠慮し、お互いに皇位を譲り合って三年もの間、空位となってしまったんだ。

そこで事態を打開しようと考えたウジノワキは、なんと自殺という手段を選んだ。それを知った兄のオオサザキは悲しみ、遺骸に向かって「馬鹿野郎ー」と泣き叫ぶと、ウジノワキは生き返り、「馬鹿じゃないよ」と言った……のではなく、

「これは天から与えられた寿命です。兄王こそ聖人であり、皇位に即くべきです」

と言って、棺《ひつぎ》に伏せて再び亡くなった（想像するとちょっと怖いが）。つくづく兄思いの弟だ……こうしてオオサザキは即位して**仁徳天皇**となった。

仁徳天皇は、次の**国見**《くにみ》のエピソードで有名な聖帝だ。

即位四年目のある日、高い山から国見をした仁徳天皇は、人家のかまどから煙が立ち上っていないことに気づき、民たちが炊事もできないほど貧しいことに心を痛め、三年間の租税を免除し、自らも倹約に努めた。宮殿の屋根が壊れて雨漏りしても茅《かや》を葺《ふ》き替えることもしなかったという。

三年後、仁徳天皇が再び国見をしてみると、あちこちのかまどから煙が立ち上っているのが見えて大いに喜んだという。

ただ、これは**仁徳天皇を儒教的な聖帝とするための脚色であり、史実ではないとする見方が強い**んだ。

◎〝めっぽう女好き〟にして恐妻家

聖帝と称される**仁徳天皇だけど、めっぽう女好きな一方、恐妻家**でもあった。

まだ若き皇太子だった頃、父の応神天皇が迎え入れた超美人の髪長媛《かみながひめ》に恋心を抱き、父に懇願して譲ってもらって一男一女をもうけた。

次に、あの武内宿禰（133ページ参照）の孫娘であり、有力豪族の葛城《かずらき》氏の出である磐之媛命《いわのひめのみこと》（イワノ姫）を皇后とした。

だが、これが大誤算。

とんでもなく焼きもち焼きの女性だった。もとはといえば仁徳天皇が浮気性なのがいけないいんだけど、イワノ姫のあまりの嫉妬深さゆえ、仁徳天皇が他の妾《そばめ》たちに会うのに苦労した様子が書かれている。

ある美女はイワノ姫の嫉妬深さを恐れて実家に戻り、あるお気に入りの姫とは会うことすらかなわない。仁徳天皇も、いい加減このあたりで女漁《おんなあさ》りはやめておけばよかったんだけどねぇ……なにやら悪い予感がする。

さらにすごいのは、応神天皇の皇女（仁徳天皇の異母妹）の八田皇女《やたのひめみこ》（ヤタノ姫）を娶りたいと皇后イワノ姫に堂々と乞うたことだ。恐れを知らない仁徳天皇……。イワノ姫の反応は、

衣《ころも》こそ　二重《ふたえ》も良き　さ夜床《よどこ》を　並べむ君は　畏《かしこ》きろかも

訳 衣ならば二重に着てもよいでしょうが、夜床を二つ並べようとする貴方は恐ろし

い方です。

こんな歌を返して断固拒絶!! ここで諦めればよかったんだけど、**懲りない仁徳天皇はイワノ姫が遠出している隙《すき》をついて、ヤタノ姫を後宮《こうきゅう》に迎え入れてしまったんだ。**

アチャ〜、やっちゃった。

それを知ったイワノ姫は激怒し（当然だ）、「実家に帰らせていただきます」とばかりに、都のある難波《なにわ》から遥か遠く、実家に近い山背《やましろ》（山城）の筒城《つつき》（現在の京都府京田辺市）の宮にこもってしまった。

慌てた仁徳天皇は筒城に行幸《ぎょうこう》し、いくつもの歌を贈ってご機嫌を取ったり謝ったりしたものの、イワノ姫に会うこともかなわず、ついに翻意《ほんい》させることはできなかった。

そして、イワノ姫はそのまま筒城で亡くなってしまう……。

イワノ姫の息子は四人いたけど、そのうち三人が天皇として即位している（**履中《りちゅう》天皇・反正《はんぜい》天皇・允恭《いんぎょう》天皇**）。

さすが当時の有力豪族、葛城氏の出だけあるね。

日本最古の歌集『万葉集』の相聞歌《そうもんか》（恋の歌）には、イワノ姫の歌が四首収められているので一首紹介しておこう。

イワノ姫の激しい愛情が表れている歌だ。

かくばかり　恋ひつつあらずは　高山《たかやま》の　磐根《いわね》し枕《ま》きて　死なましものを

訳 これほど恋して苦しんでばかりいないで、いっそあの高い山の岩を枕にして死んでしまいたいものを。

◎「美人姉妹をまとめてゲット♡」のはずが…

聖（性）帝・仁徳天皇の女好きは、まだまだ事件を引き起こす。

イワノ姫亡き後、愛するヤタノ姫を新たに皇后にした（やったー!!）。だけど、まだ満足しない仁徳天皇は、その妹の雌鳥皇女《めどりのひめみこ》（メドリ姫）に恋し、手に入れようとする。

そもそもヤタノ姫の同母兄は、仁徳天皇に皇位を譲るために自殺してくれたあのウ

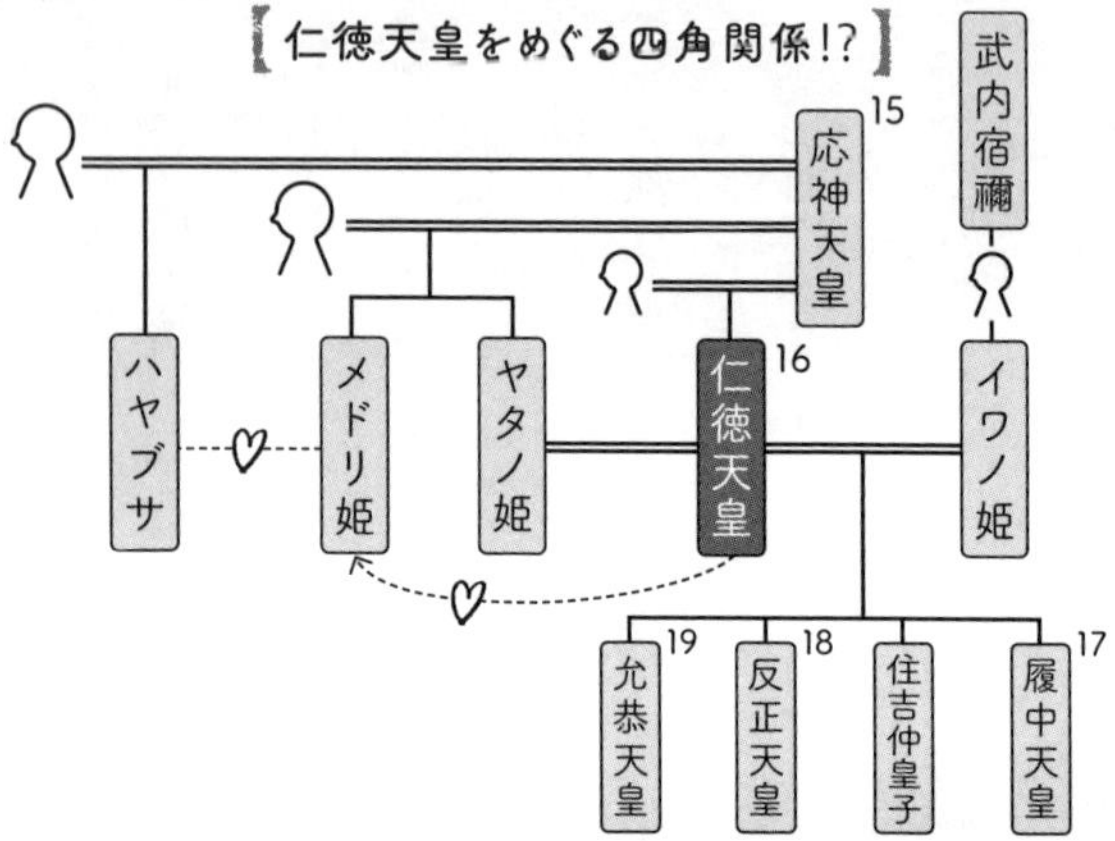

ジノワキだ。

ヤタノ姫を皇后にするのすら憚《はばか》られるのに、加えてその妹のメドリ姫を好きになるとは……恐れ入谷《いりや》の鬼子母神《きしもじん》。

仁徳天皇に「あなたにとって愛とはなんですか」と尋ねてみたい。

ところが、話はまだそう簡単には終わらない。

仁徳天皇の求愛を伝えにいった**メッセンジャーボーイで仁徳天皇の異母弟である隼別皇子《はやぶさわけのみこ》（ハヤブサ）が、メドリ姫とデキてしまった。**

ミイラ取りがミイラに……メドリ姫は、よほど魅力的な女性だったのだろう。

結果、メドリ姫は仁徳天皇の求愛を拒否してメッセンジャーボーイのハヤブサと結婚する。三角関係というか、四角関係というか、三親等以内の生々しい争いだ。

仁徳天皇は、メドリ姫とハヤブサがデキてしまったことに対して、兄弟の情を重んじ、我慢して罪を与えなかった。

ところが、それに安心してか、ハヤブサがメドリ姫と次のような会話を交わしている。

「サザキ（仁徳天皇）とハヤブサ（僕）とでは、どちらが速い？」

「当然、ハヤブサよ！」

「そうだよね、だから僕のほうが（君に手を付けるのが）早かったんだよ‼」

……絶句。

ここで「サザキ」と呼んでいるのは、仁徳天皇が「大鷦鷯尊」という名だったからだ。「サザキ」は「ミソサザイ（鷦鷯）」の古名で、日本産の鳥では最小。タカ科のハヤブサ（隼）とでは、速さでは勝負にならない。

また、ハヤブサの部下たちが、次の歌を詠った。

隼《はやぶさ》は　天《あめ》に上《のぼ》り　飛び翔《かけ》り　斎《いつき》が上の　鷦鷯《さざき》取らさね

訳 ハヤブサは天に上って飛び翔り、宮殿の上にいるサザキをお獲りくださいませ。

この歌は明らかに謀反のススメだ。

メドリ姫はハヤブサとともに仁徳天皇を討とうとしている……この歌を聞いた仁徳天皇は、さすがに堪忍袋《かんにんぶくろ》の緒が切れ、怒りを爆発させて二人を誅殺《ちゅうさつ》してしまった。

ただこの話、ちょっとデキすぎている気がするね。嫉妬に狂った仁徳天皇が、二人を殺害するに足る理由を捏造したという可能性も捨て切れないところだ。

◎「大仙陵古墳」と「誉田御廟山古墳」の謎

応神天皇と仁徳天皇父子については、**「応神天皇と仁徳天皇とは同一人物」という**

大仙陵古墳（通称・仁徳天皇陵）は、さすが聖帝が眠るとされる桁違いのサイズ感

説が唱えられている。

理由としては、類似する話が多く見られるということ。また、応神天皇に関しては幼少の記述が非常に多く、仁徳天皇は逆に成人後の記述が多いという点で、本来は一人の天皇だったものを父子二人に分けたという説だ。

ただ、応神天皇と仁徳天皇が同一人物だとすると、有名な**「応神天皇陵」**と**「仁徳天皇陵」**という二つの巨大陵墓の存在はどう考えればよいのだろう。

大阪府羽曳野《はびきの》市にある「誉田《こんだ》御廟山《ごびょうやま》古墳（誉田山古墳）」のことを通称「応神天皇陵」と呼ぶ。

順位	古墳名	全長	所在
1	大仙陵古墳 （仁徳天皇陵古墳）	約486m	大阪府堺市 堺区大仙町
2	誉田御廟山古墳 （応神天皇陵古墳）	約425m	大阪府 羽曳野市誉田
3	上石津ミサンザイ古墳 （履中天皇陵古墳）	約365m	大阪府堺市 西区石津ヶ丘

同様に大阪府堺市にある「大仙陵《だいせんりょう》古墳（大山《だいせん》古墳）」のことを通称「仁徳天皇陵」と呼ぶんだけど、どちらも実際の被葬者は明らかではない。

この二つの陵墓は全国で第一位と二位の規模の前方後円墳で、世界文化遺産に登録されている。

全長が三百メートルを超える墓となると、エジプトのクフ王のピラミッドや中国の始皇帝陵など、世界を見渡してもいくつかしか存在していないほどの大きさだ。

管理する宮内庁が調査・発掘を認めていないこともあり、誰の陵墓なのか特定することはできていないけど、堺市役所高層館二十一階展望ロビーから見れば、仁徳天皇陵の大きさを実感することができる。古代に思いをはせながら見学してみるのもオツなものだろう。

中国の歴史書が記した「倭の五王」に比定される天皇は？

仁徳天皇の次の天皇、**第17代履中天皇から第21代雄略《ゆうりゃく》天皇までの五人は、「倭の五王」**といわれる「讃《さん》・珍《ちん》・済《せい》・興《こう》・武《ぶ》」に比定（比較し推定すること）されることが多い。

この「倭の五王」というのは『宋書《そうじょ》』「倭国伝」に記されている倭の王のことで、正確には延べ七人が記されているけど、このうち**宋の皇帝に朝貢していたことが確実であるのが五王「讃・珍・済・興・武」**だ。

この五王がどの天皇に当たるのかについては、諸説あって確定することはできない。

そもそも初代神武天皇が即位したという「辛酉《しんゆう》の年」は、そのまま西暦に換算すると紀元前六六〇年となり、当時の日本では縄文時代末期~弥生時代初期という、かなり無理な時代設定だ。

なぜそんなことをしたかというと、中国では**「辛酉」という年には、大変革が起こる（辛酉革命）と信じられていた**からなんだ。干支《かんし》（十干《じっかん》・十二支）でいうと六十年に一度訪れる辛酉の年は、天命が改まって王朝が交替する年だと信じられていた。

それにしても『日本書紀』の成立から遥か千二百年以上も遡《さかのぼ》った辛酉の年を神武天皇の即位年にするとは、ちょっとやりすぎの気がする。

その無理がたたってか、『日本書紀』は「欠史八代」を経て第10代崇神《すじん》天皇につなげていく際に辻褄《つじつま》を合わせなければならなくなり、実在の人物とは考えられない神懸った年齢が記されることになったんだ（91~93ページ参照）。

話を「倭の五王」に戻そう。

「讃」は応神・仁徳・履中天皇のいずれか、「珍」は仁徳か反正天皇、「済」は允恭天

皇、興は安康《あんこう》天皇、武は雄略天皇とすることが通説となっている。最後の「武」に関しては、ほぼ雄略天皇で間違いないと比定されている。

倭王は倭の産物を遣使に持たせて宋の皇帝に献じているけど、その目的は、勃興してきた高句麗に対抗して、中国皇帝の権威を借りて朝鮮半島における日本の地位を強化しようとしたものだった。

◎仁徳天皇の崩御後、皇位後継争い勃発？

仁徳天皇と皇后イワノ姫の間の息子は四

【倭の五王の系図】

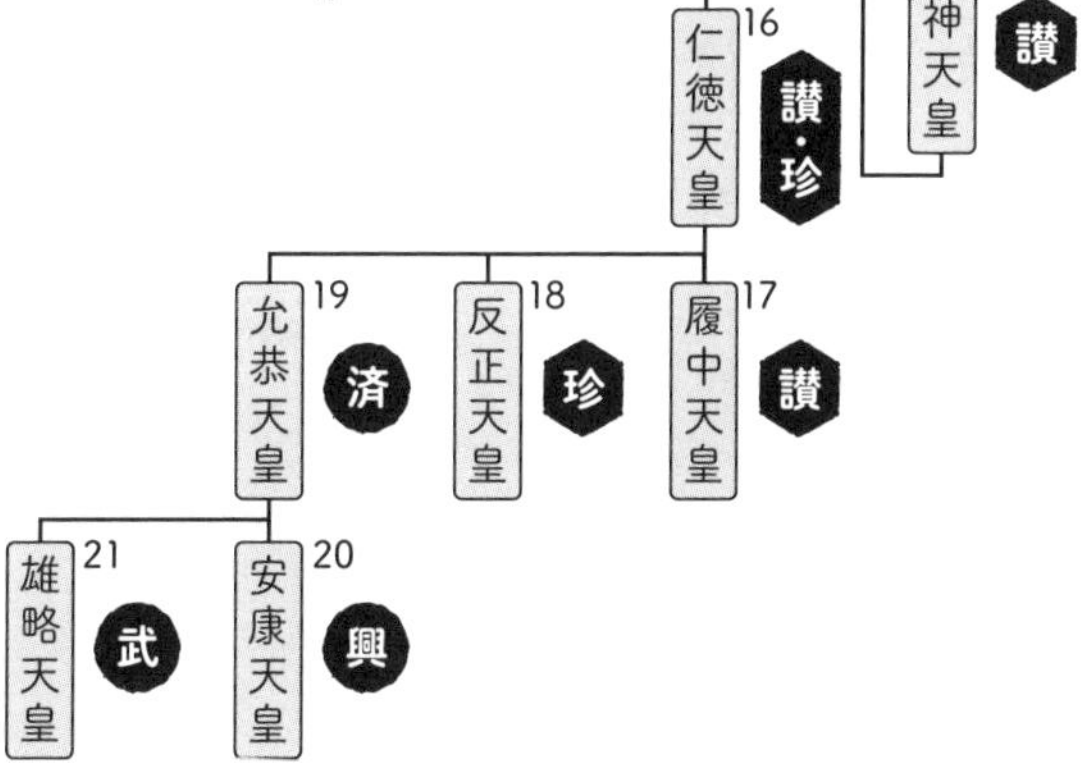

人。そのうち三人が天皇として即位したことは前にも書いたけど（144ページ参照）、すんなりと三人が天皇になったわけではない。

まず長男（去来穂別皇子《いざほわけのみこ》）が次男（住吉仲皇子《すみのえのなかつみこ》）に命を狙われるという事件が起きた。次男は、長男がお酒に酔ってつぶれている隙を狙って、宮殿に火をかけて殺そうとしたんだ。衝撃のこの事件の理由は、実は**美女の争奪合戦**だった。

仁徳天皇の喪が明け、皇太子だった長男は美女の黒媛《くろひめ》（クロ姫）を后に迎えることにした。その使者として次男を遣わせたところ、ミイラ取りがミイラになってしまい、クロ姫を好きになってしまう（どこかで聞いたような……）。

次男は、「僕こそ皇太子なんだよ。次期天皇になる予定だよ」と偽ってクロ姫と関係を結んだけど、それが長男にバレてしまい怒りを買う。そこで次男は先手必勝とばかり、長男のいる難波の宮殿を急襲し、火を放って反乱を企てたんだ。

この時、酩酊《めいてい》状態だった長男は側近によって助けられ、ほうほうのていで大和国の石上神宮《いそのかみじんぐう》へと逃れて九死に一生を得る。そこへ心配して駆けつけてきた三男の瑞歯別皇子《みずはわけのみこ》（ミズハワケ）に、次男の首を取ってこいと命じた。

「長男・三男」連合 vs.次男単独

二対一なら、二人のほうが有利だ。三男は一計を案じ、次男の側近を買収して暗殺させ、反乱を収めた（やり方がちょっと汚い気が……）。こうして長男が**第17代履中天皇**として即位したんだけど、皇后となったクロ姫は、神の祟りによって若くして没し、それに悲観した履中天皇も次の年に崩御してしまった。

〝熱すぎる占い〟で氏姓の乱れを正した允恭天皇

履中天皇の跡を継いだのは、三男のミズハワケだった。

次男を暗殺し、長男の履中天皇を喜ばせた三男の**第18代反正天皇**は、二人の間に立って、どちらに付けば自分が得をするかを判断して動いた風見鶏、まさに**「正しさに反した＝反正」天皇**だった。淡海三船《おうみのみふね》のネーミングセンスには感服するね。

兄弟間での皇位継承は天皇史上、初めてのこと。「倭の五王」の「讃」と「珍」が兄弟であることから、履中天皇が「讃」、反正天皇が「珍」に当たる可能性が高いといわれている。ちなみに反正天皇の事績については、ほとんど何も書かれていない。

反正天皇の跡を継いだのは、四男（雄《お》朝津《あさつ》間《ま》稚子宿禰《わくごのすくね》皇子《のみこ》）の**第19代允恭天皇**だ。生来、体が弱く皇位を継ぐことを固辞していたけど、**妻の命がけの願い（極寒の中、水を入れた器を持って立ち尽くした）に負けて即位**した。のちに新羅から腕のいい医者を呼び寄せて治療させたところ、たちまち健康になったという。

允恭天皇の事績として伝わっているのは、**「盟神探湯《くかたち》」**という占いを用いて氏姓《しせい》の乱れを正したことだ。

「盟神探湯」とは、熱湯の中に手を入れて神意を伺うというもので、家柄や身分を表す称号である氏《うじ》と姓《かばね》を偽り、名門を自称している群臣をこの占いであぶり出し、氏姓を正したという（あちちち……）。

允恭天皇は「倭の五王」の中の、「済」に比定されている。

コラム

「記紀」での「衣通姫伝説」の相違

允恭天皇が崩御したのちは、息子の**木梨軽皇子**《きなしのかるのみこ》（**軽皇子**）が皇位を継ぐはずだったけど、同母妹の**軽大娘皇女**《かるのおおいらつめのひめみこ》（**オオイラツメ**）との近親相姦が発覚した。

近親結婚が珍しくなかった当時でも、さすがに**同母兄妹で契りを結ぶのは禁忌**《きんき》とされていた。

淫行に溺《おぼ》れたとされた軽皇子は信望を失い、オオイラツメは伊予（愛媛県）に追放されてしまう。群臣の間では、代わりに同母弟の穴穂皇子《あなほのみこ》を推す声が高まった。焦《あせ》る軽皇子は穴穂皇子を倒そうとするけど、逆に返り討ちにあってしまい、自害した。

以上が『日本書紀』での記述だ。

『古事記』では、この軽皇子とオオイラツメの話は、**悲恋の**「**衣通姫伝説**《そとおりひめ》」として描かれている。オオイラツメはとても美しい女性であり、その色香が衣を通して輝くところから、「衣通郎女《そとおりのいらつめ》」と呼ばれていた。

『日本書紀』との違いは、オオイラツメは追放されておらず、穴穂皇子との戦いに敗れた軽皇子のほうが、伊予の湯（道後温泉）に流されたことだ。

想いの募《つの》るオオイラツメは、軽皇子のいる伊予へと向かう。

やっと再会を果たした兄妹は喜び、わずかな時間愛し合ったのち、自害して果てたという。

『古事記』には、二人の交わし合った歌も多数記されており、一大恋愛絵巻の様相を呈している。

一方『日本書紀』において「衣通郎姫《そとおしのいらつめ》」とされているのは、允恭天皇の皇后の妹、**弟姫《おとひめ》（オト姫）**だ。

允恭天皇は皇后の妹であるオト姫に恋して何度もアタックをかけた結果、やっと手に入れることができた。

皇后に遠慮して別宮を造り、そこで逢瀬《おうせ》を楽しんでいたけど、結局、嫉妬深い皇后によって二人は引き離されてしまう……。

絶世の美女「衣通姫」との恋愛である点は共通しているけど、『古事記』のようなドラマチックな展開にはしていない。
正史『日本書紀』としては、悲恋および不誠実な天皇の行動を、感動的な話に持っていくことは遠慮させていただきました（by不比等《ふひと》）。

【衣通姫の悲恋？】

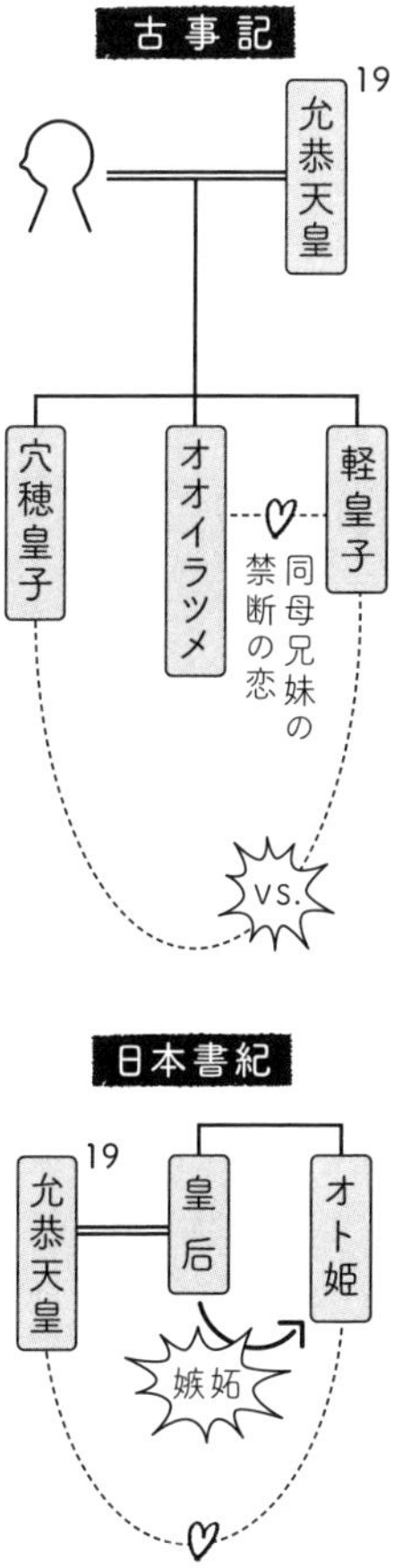

一言主神と対等に渡り合った雄略天皇の「極端な二面性」

軽皇子との皇位継承争いに勝利した穴穂皇子は、即位して**第20代安康天皇**となった。

しかし、身内の争いが絶えず、讒言《ざんげん》によって叔父を殺害したうえ、その妻を奪って皇后にした。ところが今度はその叔父の子が仇討ちとばかり安康天皇を暗殺してしまう。

近親相姦なんて可愛いと思えるくらいの、陰惨な身内同士の殺し合いだ。

この安康天皇暗殺事件をきっかけに、疑心暗鬼になった大泊瀬皇子《おおはつせのみこ》こと、のちの**第21代雄略天皇**は、兄弟だろうが従兄弟《いとこ》だろうが、皇位を継承する可能性のある近親者を次々と殺害していった。もう誰も信用できない……。

雄略天皇は、近親者だけでなく、神功皇后や第15代応神天皇時代に活躍し、ヤマト王権を支えていた葛城氏まで没落させた。さらに朝鮮半島の支配まで考えたが、さすがに勢いだけではうまくいかなかった。

雄略天皇はいつも自分の判断を正しいとし、誤って多くの人を殺した。そこで人々は「大変悪い天皇である」と非難した。

雄略天皇は、家臣たちを厳しく処刑した残虐非道な気性の激しさを持っていたので、『日本書紀』には、「大変悪い天皇」とズバリ書いておいた。一方、それとは逆の「大変徳のある天皇」の面も記しているんだ。

葛城山で猪を退治する雄略天皇

ある時、雄略天皇が葛城山《かつらぎさん》で狩りをしていると、**一言主神《ひとことぬしのかみ》（ヒトコトヌシ）**に出会った。

相手は神だけど、雄略天皇は殺

然とした態度で対等に名乗り合い、その後は一緒に狩りを楽しんだという。

このヒトコトヌシというのは、善悪すべてを一言で言い放つという葛城地方の地主神。言霊《ことだま》信仰の神とされ、「一言の願いであれば聞き届けてくれる」というありがたい神だ。そのヒトコトヌシに認められた雄略天皇は偉い!! というわけだ。

ただし話はそう簡単ではない。**ヒトコトヌシは葛城氏の氏神**とも考えられているところから、このエピソードは雄略天皇と葛城氏との関係を暗にほのめかしたものなんだ。前述したように雄略天皇は葛城氏を没落させている。「一度は仲良くしておいてその後滅ぼす」という雄略天皇の極端な二面性を表しているとも言えるんだ。

雄略天皇のナンパ歌が『万葉集』の巻頭にある理由

雄略天皇の悪口ばかり書きすぎたので、ここで軟派な面を表すエピソードも紹介しよう。**日本最古の歌集『万葉集』の巻頭を飾る歌**は、実は雄略天皇が野原で菜を摘《つ》む若い女の子をナンパする歌、いや正確には立派に求婚する御製歌《おおみうた》なのだ。

籠《こ》もよみ　み籠《こ》持ち　掘串《ふくし》もよみ　掘串《ふくし》持ち　この岡に　菜摘《なつ》ます児《こ》　家告《の》らな　名《な》告《の》らさね　そらみつ　大和の国は　おしなべて　我こそ居《お》れしきなべて　我こそいませ　我こそば　告《の》らめ　家をも名をも

訳　よい籠《かご》とよい掘串（＝へら）を持って、この春の岡で菜をお摘みになる娘さんよ。あなたの家はどこですか、お名前も教えておくれ。この大和の国は私が治めているのだよ。私のほうから告げよう家も名も。

当時、男性が女性に名を尋ねるということは、求婚を意味していた。初対面でいきなり求婚するとは、なかなか大胆だ。

それもこれも自分に自信があってのことで、最後には自分がこの国を統治している者、つまり天皇なんだと自慢して、自分の家も名も名乗ろうと言っているんだから、大したものだ。**スメラミコト、天皇たるもの、こうでなきゃ！**

この歌を『万葉集』の巻頭に持ってきた真意は、大和（奈良盆地）、ひいては日本国が天皇によって立派に統治され、美しく平和な国であってほしいとの願いを込めたからであって、単なるナンパ……いや求婚の歌ではないんだよ。

武烈天皇は本当に「悪逆非道」の限りを尽くしたのか？

第22代清寧天皇《せいねい》は生まれながらに白髪だった。父の雄略天皇はこの子に特別な霊妙さを感じたという。雄略天皇の死後、皇位継承の争いが起きるが、無事にそれを乗り切って即位した。大伴氏《おおとも》を大連《おおむらじ》、平群氏《へぐり》を大臣《おおおみ》として政治を行っている。

次の**第23代顕宗天皇**《けんぞう》は清寧天皇の「はとこ」に当たる。顕宗天皇の父は、あの雄略天皇に殺された一人。顕宗天皇も身の危険を感じ、兄とともに逃亡生活を送っていた。しかし、清寧天皇に子がいなかったため、見いだされて皇位に即くことになった。即位した顕宗天皇は、まず野原にうち捨てられていた父の遺骸を捜し出して丁寧に埋葬し直した。次に、父の仇とばかり、

「憎っくき雄略天皇の陵墓を破壊し、遺骸をバラバラに砕いて投げ散らかしてやる‼」

と思ったんだけど、「天皇ともあろうお方が、それはなりませぬ」と兄に諫《いさ》められて思い留まった。

その「兄」というのが、**第24代仁賢《にんけん》天皇**だ。清寧天皇に見いだされて兄弟ともに宮中に迎えられた時に、「弟のほうが賢く、徳もあります」と言って弟に皇位を譲った。

その後、弟の顕宗天皇が在位三年で崩御し、子もいなかったので即位して仁賢天皇となった。この三代の期間はたいした事績もなく、王位継承も不安定な時代が続いた。

まさに、**嵐の前の静けさの時代**だ……。

◎「異常なまでの残虐性」には隠されたメッセージが…？

悪の限りを尽くし、善行はまったく行わない。人々はみな、恐怖に震えた。

恐ろしい表現だ……。『日本書紀』にこう書かれた小《お》泊瀬《はつせ》稚鷦鷯尊《わかさざきのみこと》こと**第25代武烈《ぶれつ》天皇は、悪逆非道の限りを尽くした天皇**だ。

武烈天皇がまだ皇太子だった時、ある娘と婚約したが、その娘はすでに別の男と通じていた。怒った皇太子はその男を誅殺し、さらにその男の父も討伐してしまう……。ちょっと極端に思える処分の裏には、実は熾烈《しれつ》な権力闘争があった。

雄略天皇が有力豪族の葛城氏を滅ぼした後、勢力を伸ばしたのは平群氏という一族だった。平群氏は我が物顔にふるまい、国政をほしいままにしていた。

それを苦々しく思っていた皇太子は、反平群氏の大伴氏と物部《もののべ》氏と組んで平群氏を亡ぼしたのだ。

つまり、ここで誅殺・討伐された父子は平群氏だったんだ。

皇太子は武烈天皇として即位するや、異常な残虐行為を数多く行う。

- **妊婦の腹を割いて、胎児を見た**
- **人の頭髪を抜いて木登りをさせた後、木を切り倒して落下させ、殺して面白がった**
- **女を裸にして平板の上に座らせ、多くの人の面前で馬と交接させた**

・女たちの陰部を調べ、愛液で潤っている者は殺し、潤っていない者は奴隷とした
・農民が寒さに凍《こご》えることを意に介さず、自分は暖かい服を着て美食をし、天下の飢えを顧《かえり》みなかった……etc.

こうした悪逆非道の残忍極まりない行為を前に、人民はみな震え怖れたという。

ところが、「一つも善《よ》いことを行わなかった」と書かれているのと矛盾するように、「法令に通じ、日の暮れるまで政務を行い、冤罪《えんざい》も必ず見抜いてそれを晴らし、裁決は道理にかなっていた」とも記されている……。

それにはワケがある。

実は、**次代の継体《けいたい》天皇の即位を正当化するために、武烈天皇を暴君に仕立て上げた**んだ。10歳そこそこで即位した武烈天皇が、ここまで酷いことをしたとは信じられない。具体的な記述も実は、古代中国の殷《いん》の紂王《ちゅうおう》の悪逆非道ぶりなどを参照して作り上げたものなんだ。

ちなみに『古事記』には、こうした武烈天皇の悪行は一切書かれず、「武烈天皇は八年間天下を治めた。天皇には子がなかったので、崩御後は応神天皇の五世の孫（のちの継体天皇）に天下を授けた」とシンプルに記されているのみだ。

4章

異色すぎる大王・継体天皇から大化の改新へ

……天皇をも凌いだ蘇我氏の栄光と没落

皇統断絶!? 「継体天皇の即位」は異例づくめ

第25代武烈《ぶれつ》天皇は18歳の若さで嗣子《しし》なくして崩御し、ここにおいて**第16代仁徳《にんとく》天皇からの男系の皇統は途絶えた**……武烈天皇はおそらく暗殺されたのだろう。

次の天皇として即位したのは**第26代継体《けいたい》天皇**だけど、**ここで王朝の交代があった**とする説を唱える人が多い。

というのも、この即位はあまりに不自然な流れだからだ。

暴君・武烈天皇亡き後、大伴《おおとも》氏と物部《もののべ》氏が中心となって後継者探しに奔走した。やっと見つけたのは第15代応神《おうじん》天皇の五世孫という遠い血筋の人、しかも三国《みくに》（現在の福井県坂井市）にいた男大迹王《おおどのおう》（オオドノオウ）だった。

本来は皇位を継ぐ立場ではなく、しかも都から遥か遠くにいたオオドノオウを連れてきて天皇になっていただく。これは、なかなか至難の業《わざ》だったようだ。

「国を治めることは重大な業《わざ》である。私には才能がなく、ふさわしくない。どうか別の賢者を選んでほしい」

オオドノオウは、再三の即位要請を固辞した。謙虚というか当たり前というか。それでもなんとか説得した末、58歳で樟葉宮《くすはのみや》（現在の大阪府枚方市《ひらかた》）にて即位した。

なぜ大和の地に入るまで二十年もの年月を要したのか？

継体天皇は即位したのち、いくつかの宮を変遷しながら、**大和《やまと》に入るまで二十年もの歳月を要している。**

継体天皇の即位で「万世一系」は一度途切れてしまったのか――？

大和に入るのにこれほど長い期間を必要としたのは、有力豪族たちが、傍系《ぼうけい》にすぎない継体天皇の存在をなかなか認めなかったからだという説がある。

それでも継体天皇の即位を後押しした大伴氏などが、味方の豪族の力を借りながら漸進的に支配地域を広げていった。

その結果、なんとか二十年の月日を経て大和入りしたという話だ。

また別の説として、武烈天皇の死後、王権内で混乱が起こり、それに乗じたヤマト王権とは血縁関係のない地方豪族が武力で制圧し、皇位を簒奪して新王朝を創始したとする「王朝交替説」がある。

それが本当だとすると、継体天皇こそが現在の皇室までつながる天皇系統の始まりということになる。

神武《じんむ》天皇から始まる「万世一系」はいったん途切れ、出自不詳の第26代継体天皇から新たな王朝が始まったという考えだ。

実は『日本書紀』には、継体天皇の出自は「応神天皇の五世の孫」と書かれているだけで、その詳細が書かれていない……それは「自称・応神天皇五世の孫」だったからで、「詳細は書けなかった」というのが正確なところなんだ。

いずれにせよ、天皇の出身地が今の福井県とは、ちょっと驚きの事実だね。

◎筑紫君磐井の乱、勃発!!

継体天皇が大和に遷都《せんと》した翌年（五二七年とされる）に**「筑紫君磐井の乱《つくしのきみいわい》」**が起きた。

これは、継体天皇が新羅《しらぎ》に奪われた南加羅《みなみから》（任那《みまな》加羅）を取り戻すために送ったヤマト王権軍に対して、本来ならば協力すべき立場にあった筑紫国造《くにのみやつこ》（九州北部の地方官）の磐井が、逆に妨害する形で起こした反乱だ……と『日本書紀』にはある。

だが、この当時まだ「国造」という制度はなかったので、実は磐井は独立した北九州の豪族だったというのが本当のところ。

つまり**「磐井の乱」というのは、「ヤマト王権の言うことなど聞かないぞ！」という地方の実力者の反乱**だったんだ。

その実力を示すように、福岡県八女《やめ》市に磐井の墓とされる全長百三十五メートルにも及ぶ前方後円墳の**「岩戸山古墳」**が残されている。

岩戸山古墳に並ぶユーモラスな表情の石人たち

当時、ヤマト王権による朝鮮出兵がたび重なり、経済的・人的な負担が増大した筑紫地方の住民たちは不満を募らせていた。

筑紫の有力豪族だった磐井は、そうした不満を背景に、筑紫の独立を果たそうとチャンスを狙っていたんだ。

そんな時、新羅の王が磐井に賄賂《わいろ》を贈ってきて、王権軍を防ぐよう持ちかけてきた。磐井は「これぞ、渡りに船」とばかりにその話に乗った。ヤマト王権に対して同様に不満を抱いていた九州の豪族たちも続々と味方した。

継体天皇の命で、近江毛野臣《おうみのけなのおみ》が六万もの大軍を率いて西下した。それに対して磐井は挙兵してヤマト王権軍の進軍を阻《はば》み、近江毛野臣に向かって言い放った。

「お前とはついこの間まで同じ釜の飯を食った仲間だったのに、ヤマト王権の使者となったとたん、偉そうな態度で俺を従わせようとは、笑止千万‼」

一年半にも及んだ乱だったけど、朝廷は大連《おおむらじ》の物部麁鹿火《あらかひ》を大将軍として派遣し、塵埃《じんあい》巻き上がる激戦の中、ついに磐井を殺害することで乱を鎮めたという。磐井の乱鎮圧後、ヤマト王権は直轄地（屯倉《みやけ》）を設定し、筑紫支配を強化したんだ。

崇仏か排仏か――それが問題だ！

継体天皇の死後、長男が第27代安閑《あんかん》天皇、次男が第28代宣化《せんか》天皇として続けて即位した。ただ、実は同時期に**第29代欽明《きんめい》天皇**も即位しており、二つの王朝が並立して存在していたのではないかという**「二朝並立説」**がある。

その真偽のほどはわからないけど、この時代において特筆すべきは**「仏教の公伝」**だ。『日本書紀』では五五二年に、百済《くだら》の聖明王《せいめいおう》の使者が仏像と経典などを献じ、仏教が公伝したとされている（『元興寺《がんごうじ》伽藍《がらん》縁起《えんぎ》』、『上宮聖徳法王定説《じょうぐうしょうとくほうおうていせつ》』では五三八年が仏教の公伝した年とされている）。

この仏教受容をめぐって、ヤマト王権内は二つに割れた。

欽明天皇は荘厳《そうごん》なる仏像を見て感動したけど、礼拝《らいはい》すべきかどうかについては慎重を期し、臣下たちにその可否を尋ねた。大臣《おおおみ》（最高執政官）の**蘇《そ》我稲目《がのいなめ》**が言った。

「西の国々はみなこぞって仏を礼拝しており、日本だけが背くわけにはまいりません」

これに対して大連の**物部尾輿《おこし》**と連の**中臣《なかとみの》鎌子《かまこ》**は、

「わが国の王は常に大地の百八十《ももあまりやそ》神《がみ》を祀ってこられました。それを改めて蕃神《ばんしん》（あたしくにのかみ＝他国の神）を礼拝なされば、おそらくは国神《くにつかみ》の怒りを招くでしょう」

と反対した。特に中臣氏は、古来より神事・祭祀を司ってきた豪族であり、崇仏となると仕事を奪われてしまいかねないので、死活問題だった。

困った欽明天皇は、とりあえず蘇我稲目に仏像を授けて礼拝させてみることにした。稲目は家に仏像を安置し、さらに寺まで作って仏道修行に励んだ。ところが、国中に疫病が流行《はや》り、多くの民が死んでいった。

この事態、尾輿と鎌子は、**「ほーらみろ、蕃神なんて崇拝するからこんなことになるんだ」**と言って仏像を廃棄するよう奏上すると、欽明天皇は、その意見を認めて仏像を難波《なにわ》の堀江《ほりえ》に流させ、寺に火をかけて全焼させてしまったんだ。

すると次の年、不思議なことが起こった。海の中から梵音《ぼんおん》（仏教の音楽）が聞こえ、美しい陽《ひ》の光のような輝きが見えたという。畏《おそ》れ多い出来事だ……。

そこで欽明天皇が海を探させると、輝く樟木《くすのき》が浮かんでいたので、それを引き揚げて仏像二軀《く》を造立《ぞうりゅう》させたんだ。欽明天皇の心は揺れに揺れた。

崇仏《すうぶつ》か排仏《はいぶつ》か、第一ラウンドは引き分け。争いはまだまだ続く……。

蘇我馬子が創建した法興寺《ほうこうじ》（飛鳥寺《あすかでら》）の釈迦如来像（飛鳥大仏）は日本最古の仏像。鞍作鳥《くらつくりのとり》（止利仏師）作とされる

◎皇族の血を引く一族――蘇我氏の謎

欽明天皇の時代に「大臣」として登場する蘇我稲目だけど、その出自は不明だ。『日本書紀』では、あの忠臣かつ超長寿の武内宿禰《たけうちのすくね》（133ページ参照）を祖としている、と書かれているけど、当然、眉唾だ。

稲目の祖父と父の名が、それぞれ韓子《からこ》、高麗《こま》とあることから、**朝鮮からの渡来人**である可能性が高い。

であれば外来文化に詳しく、また仏教が伝来する以前から私的に仏教を信仰していたともいわれているので、崇仏派になったことも当然なのかもしれない。

稲目以下、馬子《うまこ》、蝦夷《えみし》、入鹿《いるか》と四代で蘇我氏の全盛を極めていくけど、そのやり方は天皇家に皇妃を出していくという、のちの「摂関《せっかん》政治」に近い手法だった。

稲目の時代には、かつて勢力を誇っていた平群《へぐり》氏と葛城《かずらき》氏が没落し、大伴氏・物部氏と並んで蘇我氏が三大勢力の一角を担っていたんだ。しかし、大連の大伴金村《かなむら》が、朝鮮半島にあった日本の拠点、任那四県を独断で百済に割譲《かつじょう》してしまい、その責任を問われて失脚する。残念ながらここで大伴氏は脱落した。

その後は**大連の物部尾輿と大臣の蘇我稲目の二大勢力**となり、この二人が崇仏か排仏かで対立していくというわけだ。

物部氏のほうは、ニギハヤヒ（86ページ参照）を祖先とし、鉄器と兵器の製造を主に管掌《かんしょう》していた軍事氏族だ。継体天皇の時代に起きた「磐井の乱」（174ページ参照）を鎮圧した物部麁鹿火などを輩出している。

蘇我氏の身分である**「臣」は皇族の血を引く一族**であることを示し、一方の物部氏の**「連」は皇族とは別系統の神々の血を引く一族**。このあたりの違いも対立の遠因になったのかもしれないね。

コラム

氏姓制度（「氏《うじ》姓《かばね》の制」とも）

「氏《うじ》」は祖先を同じくする血縁集団のことで、職掌《しょくしょう》に由来するものと、地名に由来するものとに大別できる。例えば、鉄器・兵器を製造し軍事を管掌していた「物部氏」や、神事・祭祀などを司った「中臣氏」が前者の例で、地名に由来する「蘇我氏」「葛城氏」「吉備《きび》氏」などが後者の例だ。

「姓《かばね》」は王権との関係・地位を示す称号で、天皇から有力な氏族に与えられた家格を表す。「臣、連、造」など数十種に及ぶ。「大臣」「大連」は、その中でも、総理大臣級のトップの位置を占めるものだ。

ヤマト王権に対する貢献度や政治上に占める地位に応じて、中央貴族や地方豪族が政権側から氏と姓とを授与された。四世紀頃からその格付けが始まり、五世紀に入ると固定化し、特権的地位を世襲していった。

ちなみに大化《たいか》の改新《かいしん》ののち、戸籍制が整えられるに及んで「氏姓」はかつての部民《べみん》（技術集団や隷属民）にまで拡大され、国家身分を表すものとなったんだ。

対立激化！ 蘇我氏vs.物部氏

第29代欽明天皇から第30代敏達《びだつ》天皇の時代は、朝鮮半島で抗争が続いた時代だった。勢力を増した新羅が、日本の友好国だった百済の聖明王を捕らえて処刑し、任那も滅ぼした。

これによって日本は、朝鮮半島における勢力拠点を失ってしまったんだ。

仏教の受容に関しては、**崇仏派の蘇我氏と排仏派の物部氏との対立**が続いていた。敏達天皇の時代に疫病が流行ると、物部守屋《もりや》が蘇我氏の崇仏のせいだとし、天皇はこれを認めて仏教禁止を命じ、守屋は蘇我氏が建てていた寺も仏像も焼き払ってしまった。

これで排仏派の勝利かと思われたけど、まもなく守屋が疱瘡《ほうそう》を患い、さらに敏達天皇は病を得て崩御してしまう……人々はこれを見て仏像を焼いた罰だろうと噂し合ったんだ。崇仏か排仏か、第二ラウンドも引き分け……。

次の**第31代用明《ようめい》天皇**は聖徳太子《しょうとくたいし》の父で、蘇我馬子の甥《おい》に当たる天皇だけど、在位はわずか二年。物部守屋による暗殺という説もあって、権力争いに巻き込まれた可能性は高い。

その用明天皇の病が重篤《じゅうとく》になり、仏に帰依《きえ》しようとした際も、排仏派の物部守屋と崇仏派の蘇我馬子が、ののしり合う様子が『日本書紀』に書かれている。

守屋「国神《くにつかみ》に背いて他神を敬ってどうする‼　そんな話、今まで聞いたことがない」

馬子「何をおっしゃる兎《うさぎ》さん。天皇が『仏に帰依する』とおっしゃっているのだから、その詔《みことのり》に従ってお助けするべきでしょう」

天皇は短期間でコロコロ代わり、朝鮮半島の経営は完全に暗礁《あんしょう》に乗り上げ、「崇仏vs.排仏」の決着もつかない……国内外に問題を多く抱えたヤマト王権は、ヒーローの出現を求めていた。

そこに登場した**偉大なヒーローこそ、厩戸皇子《うまやとのみこ》こと聖徳太子**だったことは、言うまでもない。

ちなみに「聖徳太子」という名称は、そもそも『日本書紀』には載っていなくて、奈良時代後期に成立した日本最古の漢詩集『懐風藻《かいふうそう》』が初出とされる。

この本では、基本的に、なじみのある**「聖徳太子」で通す**ことにするよ。

欽明天皇の孫、用明天皇の子である聖徳太子は、蘇我氏とも深いつながりを持ち、家柄、身分、能力、容姿も含めて、すべてにおいて秀でたウルトラ・スーパーヒーローなんだ。

仏に祈って勝利!! 聖徳太子の初陣

用明天皇の次の天皇候補として、蘇我馬子の推す**泊瀬部皇子**《はつせべのみこ》と、物部守屋の推す**穴**《あな》**穂部皇子**《ほべのみこ》がいた。

能力100点!!
家柄100点!!
キャー
容姿100点!!

二人は欽明天皇を父とした同母兄弟だったけど、兄の穴穂部皇子は皇位に即きたいがために無茶な行動に出たんだ。

それは敏達天皇の死後、**寡婦《かふ》となっていた異母姉の炊屋姫《かしきやひめ》（のちの推古《すいこ》天皇）**を強姦して関係を深め、天皇になろうという卑怯千万《せんばん》なやり方だった。

幸い寵臣《ちょうしん》に助けられて事は未遂に終わったけど、炊屋姫は深く傷つき、「私を犯して天皇になろうとするなんて卑怯の極み、許せないわ!!」と復讐を誓った。

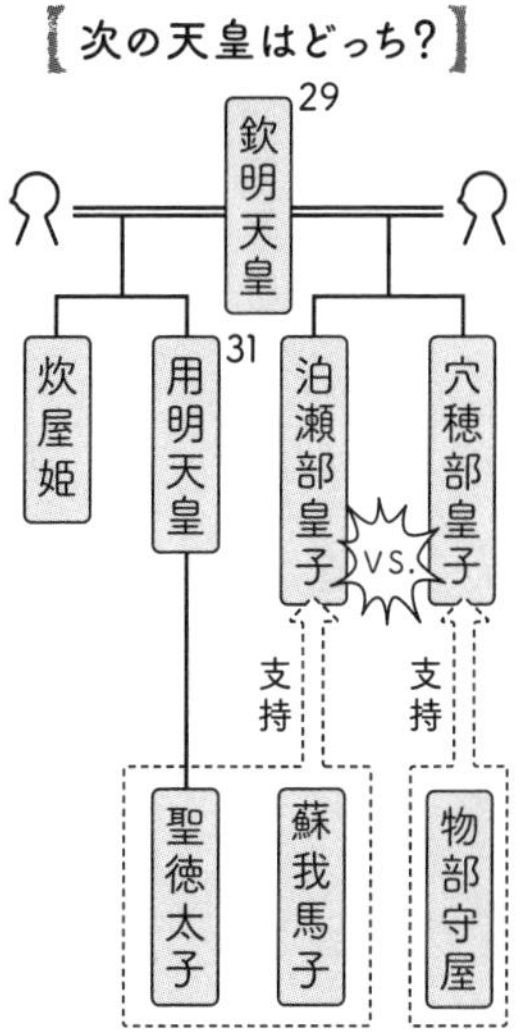

なお、炊屋姫を救った寵臣は穴穂部皇子によって殺されている。完全に逆恨《さかうら》みだ。これを知った馬子は、「天下の乱は近い」と嘆いている。

蘇我馬子との対立が続く中、業《ごう》を煮やした**物部守屋が穴穂部皇子**

を天皇にしようという陰謀を企んだ。しかし、それをいち早く見抜いた炊屋姫は、先制攻撃をかけて、まず穴穂部皇子を馬子に討たせた。

続いて馬子は聖徳太子や群臣たちとともに軍勢を率い、物部守屋を攻めた。

だが敵もさるもの、軍事氏族である物部氏は衣摺《きずり》（現在の大阪府東大阪市）の館に立てこもり、稲城《いなぎ》（稲を積んだ砦《とりで》）を築いて防御を固め、守屋自身も木に登って矢を放つなどして抗戦した。

物部軍から矢の雨を浴びせられて苦戦を強いられる中、いったん兵を退《ひ》いた15歳の**聖徳太子は、仏に祈ることで事態を打開**しようと**四天王《してんのう》像**を彫り、

「もし敵に勝たせていただけるなら、必ずや護世四王《ごせいしおう》のために寺塔を建立《こんりゅう》いたします」

と誓願《せいがん》した。馬子も同様に、寺塔を建立し仏法を広めることを誓って進撃したところ、ついに守屋を殺すことができた。

太子が仏像を彫った「白膠木《ぬるで》」（ウルシ科の落葉高木）の木は、この逸話から「勝《かつ》木《ぎ》」とも呼ばれるようになったんだ。

◎史上唯一！「臣下による天皇暗殺」の闇

大将を失った物部軍はもろくも崩れ去り、あっという間に全滅した。これを**「丁未《ていび》の乱」**と呼ぶ。

この乱後、泊瀬部皇子が即位して**第32代崇峻《すしゅん》天皇**となった。

排仏派の物部守屋を倒した蘇我馬子と聖徳太子は、もちろん崇仏派。崇峻天皇も仏教を奨励した……**第三ラウンドで崇仏派のＫＯ勝利**となった。

でも、馬子の傀儡《かいらい》政権にすぎないことを悟った崇峻天皇は、馬子の誅殺を考えるようになる。ある日、猪《いのしし》を献上された際、崇峻天皇はその猪を指さしてこう言った。

「いつの日か、この猪の首を斬るように、私の大嫌いな人を斬り殺したいものだ」

……ちょっと口が軽いぞ、崇峻天皇。

崇峻天皇は馬子の誅殺のために大量の武器を準備したものの、その動きは察知され、馬子の命を受けた東漢直駒《やまとのあやのあたいこま》によって弑《しい》されてしまう。

臣下によって天皇が暗殺されたのは、後にも先にも崇峻天皇だけ、史上唯一のことだ。

その後、「崇峻天皇の妃であった馬子の娘（河上娘《かわかみのいらつめ》）を奪って妻とした東漢直駒が、怒った馬子によって殺される」という事件が起きる……でも、おそらくこれはでっち上げの話、つまり冤罪だ。

崇峻天皇暗殺事件の口封じのために殺されたのだろう。東漢直駒には同情を禁じ得ない。合掌。

考えてみると、「天皇暗殺」という大罪を命じているにもかかわらず、馬子が罰せられていないということは、馬子が政治の実権を握っていたことの証左だろう。また背後の首謀者として、炊屋姫（のちの推古天皇）の影がちらつく……。

初の女帝！「瓢箪から駒」の推古天皇即位

崇峻天皇暗殺の翌月、馬子は自分の姪《めい》であり敏達天皇の皇后だった炊屋姫を第33代**推古天皇**として即位させた。**初の女性天皇の誕生**（神功《じんぐう》皇后を除いて）だ。

「容姿端麗で節度を具《そな》えた人物だ」と書いておいた（ちょっとヨイショ）。

炊屋姫の思いとしては、実子の竹田皇子《たけだのみこ》を次の天皇にしたかったのだけど、まだ幼く、また別の皇子を推す声もあったので、とりあえず自分が即位して天皇となり、息子が成人した暁《あかつき》には皇位を譲るつもりだった。

まず、推古天皇は実力者の馬子の協力を取り付け、甥《おい》っ子の天才、聖徳太子を皇太子に立てて摂政《せっしょう》とした。

ところが、息子の竹田皇子は早世してしまい、当初の予定が狂ってしまった。

中継ぎのつもりが、結局三十六年もの間、馬子と聖徳太子との間を取り持つ「三頭政治」を維持した推古天皇。

その手腕を見ると、なかなかバランス感覚に優れた女帝だったと言えるだろう。「瓢簞《ひょうたん》から駒」とは、まさにこのことだろうね。


推古天皇の時代は、崇峻天皇時代に続いて仏教を奨励した。

そして、冠位《かんい》十二階《じゅうにかい》や憲法《けんぽう》十七条《じゅうしちじょう》を制定して中央集権化を進め、史書の編纂や遣《けん》隋使《ずいし》の派遣も行っているんだ。


【推古天皇の三頭政治】

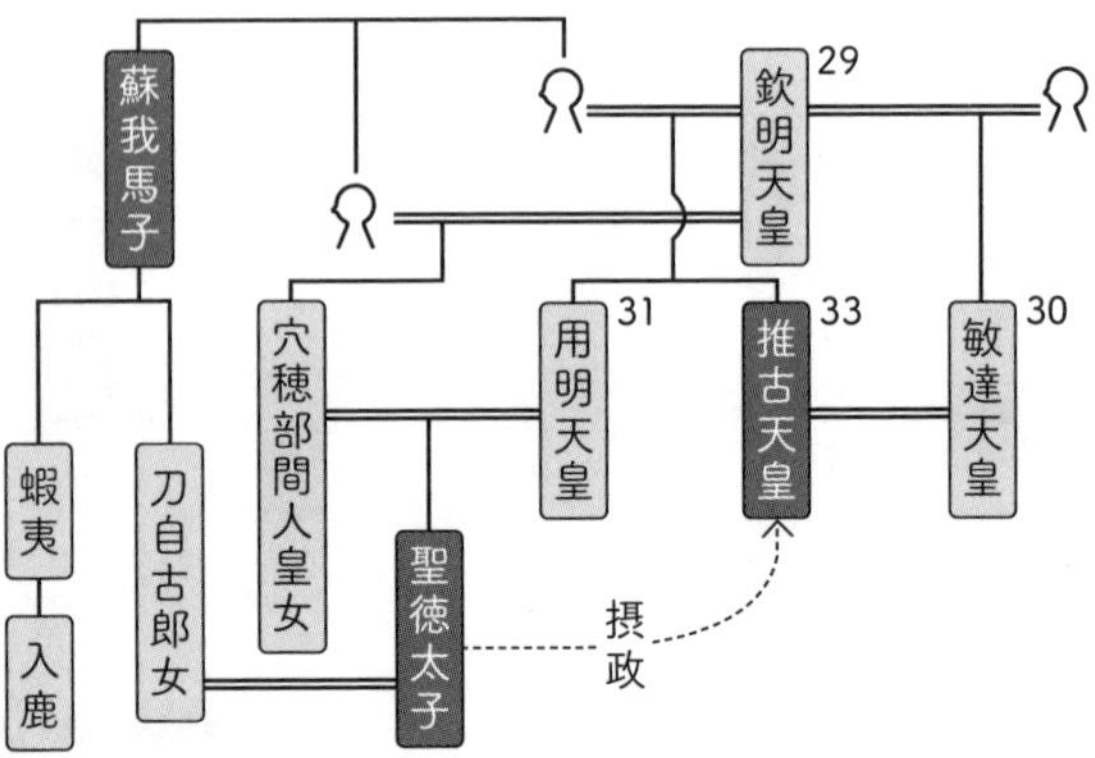

蘇我馬子と聖徳太子の「三頭政治」で
バツグンのバランス感覚を見せた推古天皇

「蘇我氏≒逆臣」は『日本書紀』の捏造？

推古天皇時代のさまざまな改革は、主に聖徳太子が行ったものと記されているけど、本当に中心となって主導したのは、実は馬子ではないかという説があるんだ。

『日本書紀』は第40代天武《てんむ》天皇の命のもと、藤原氏、特にボク不比等《ふひと》が権力を握っていた時期に編纂されている。

それゆえ**ライバルの蘇我氏の業績を認めるわけにはいかず、皇族である聖徳太子の手柄にしたんだ。**

のちに「乙巳《いっし》の変」で中大兄皇子《なかのおおえのみこ》（天智天皇《てんじ》）と中臣鎌足《かまたり》（藤原鎌足）が蘇我入鹿を殺したことの正当性を高めるために、馬子を貶《おとし》め、聖徳太子を持ち上げる必要性があったのは確かだ。

蘇我馬子・蝦夷・入鹿の三代は、王権を簒奪しようとした逆臣として描かれている。**蘇我蝦夷と入鹿は自分たちの家を「宮門《みかど》」と称し、子どものことを「王子《みこ》」と呼んだ。**

この記述は、蘇我氏が不遜《ふそん》にも自らを皇族になぞらえた様子を記したものだ。

しかし、近年の研究によって『日本書紀』のこうした記述の信憑《しんぴょう》性が疑われるようになってきて、少なくとも**「蘇我氏＝逆臣」という単純な図式は間違った認識**とされているよ。

実際、蘇我氏を必要以上にヒール役に仕立て上げてしまったことは、ボクとしても否定できないところなんだ。

かなり潤色？　聖徳太子の超人伝説

万世一系の天皇家を最高権威として高めるために、聖徳太子を勝手に創造したという説もある。なにせ人知を超えた人物として描かれているのだから。

・母が馬小屋の戸（厩戸）にぶつかった衝撃で苦もなく皇子を産んだ
・生まれながらに話ができ、成人してからは十人の訴えを同時に聞き分け、的確な返事をした
・予知能力があった

聖徳太子は日本の礎を築いた
スーパーマン？

……スーパーマンではないにしろ、常人でないことは確かだ。

聖徳太子は、冠位十二階、憲法十七条、遣隋使派遣、国史編纂など、次々と画期的な政策を打ち出し、天皇を中心とした中央集権国家体制の確立を図ったとされる。

憲法十七条は、有名な「和を以《も》ちて貴《とうと》しとし、忤《さか》ふること無《な》きを宗《むね》とせよ」から始まり、第十条では、

忿《ふん》を絶《た》ち瞋《しん》を棄《す》てて、人《ひと》の違《たが》ふことを怒《いか》らざれ。

訳 心に恨みを抱かず、顔に怒りを表さず、人が自分の考えと違っても怒ってはならない。

と記すなど、憲法というよりも儒教的な道徳規範が示されているのが特徴だ。

ただ残念ながら後世、つまり**『日本書紀』編纂の頃に創作、あるいは潤色された**という説があり、ボク不比等としてもそれは否定できないところだ。

◎「聖徳太子不在説」はどこまであり得るのか

また、聖徳太子は物部守屋との戦いの最中に仏に誓願して勝利したように、仏教を篤《あつ》く信仰し興隆に努めた。

四天王寺《してんのうじ》、法隆寺《ほうりゅうじ》（斑鳩寺《いかるがでら》）、中宮寺《ちゅうぐうじ》（中宮尼寺《にじ》）、橘寺《たちばなでら》、広隆寺《こうりゅうじ》（蜂岡寺《はちおかでら》）、法《ほう》起寺《きじ》（池後寺《いけじりでら》）、葛木寺《かつらぎでら》（葛城尼寺）は**「太子建立七大寺」**と呼ばれ、聖徳太子が

物部守屋との戦いを制し、仏教の興隆に努めた聖徳太子が創建した法隆寺

創建した七大寺と称されている。

聖徳太子は斑鳩宮で亡くなった。まだ49歳だった。この斑鳩宮へ移ったのは、馬子との仲が悪くなり、遠ざけられたからという説もあり、馬子による暗殺説もささやかれているんだ。太子の死を知った天下の人民は、

愛する肉親を亡くしたように大いに悲しみ、泣き叫ぶ声が往来に満ちた。

と記されている。ただ、これほどの能力を持ち、数々の実績を残し、蘇我氏の血筋も引く聖徳太子なのに、天皇になることがなかったのは不思議と言わざるを得ない。

また、**『日本書紀』以外に聖徳太子の存在を記した史料がないため、その実在が疑われている。**

旧紙幣（一九五八～一九八六年まで発行された一万円札）で有名な肖像画（「唐本《とうほん》御影《みえい》」196ページ参照）についても、その妥当性が検討され、学校の教科書でも「厩戸皇子（聖徳太子）」などと表記されるようになるなど、その扱いはずいぶんと変わってきている。

◎千体以上ある聖徳太子像のうち、一番多いのは？

問 一番多い太子像は次のうちどれだろうか。

1 父の病気の平癒《へいゆ》を祈る少年の頃の太子像

2 数え年2歳の時に「南無《なむ》仏」と称《とな》えた姿の太子像

3 笏《しゃく》を手に持ち胡坐《あぐら》をかいた成人した姿の太子像

3　2　1

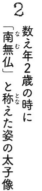

全国に千体以上あるといわれている聖徳太子像は、赤ん坊、少年の姿、青年・壮年期の姿と、主に三段階の年齢の姿で表現された像で、数ある仏教肖像彫刻のなかでも群を抜いて豊富だ。

正解は1。実に七割以上がこの「孝養像《きょうようぞう》」なんだ。これは、父である第31代用明天皇の病気平癒を祈り、仏に香を捧げる16歳の聖徳太子を立像《りゅうぞう》の姿で表現したものと伝えられている。

なぜ煬帝は「小野妹子が携えた国書」に激怒した?

推古天皇のもと、朝廷は任那復興のため新羅を攻撃したが失敗に終わった。そこで聖徳太子は遣隋使を送ることで事態を打開しようとした。隋と結んで高句麗《こうくり》・新羅・百済三国を押さえ付け、朝鮮半島での倭国《わこく》の立場を有利にしようという外交政策に打って出たんだ。

聖徳太子が**遣隋使の小野妹子《おののいもこ》**（もちろん男性）に持たせた国書がなかなか痛快だ。

日《ひ》出《いず》る処《ところ》の天子、書を日没する処の天子に致す。恙《つつが》なきや。

隋の皇帝の煬帝《ようだい》はこの手紙を読んで、

「このような野蛮国の無礼な手紙が来ても、これからは私に見せるな、きーーーーっ!!」

と怒ったという（『隋書』「東夷《とうい》伝《でん》倭《わ》国《こく》条」）。

この国書のどこが煬帝を怒らせたのだろうか？

それはおそらく次の二点だろう。

まず、「日出る」と「日没する」という対比。これだと日本がこれから発展していくのに対して、隋は没落していくイメージだ。

そして、真に煬帝を怒らせたもの、それは「天子」という言葉だ。日本の天皇も「天子」、中国（隋）の皇帝も「天子」と対等に書いてあることに煬帝は怒った。

中国の皇帝こそ世界の中心であり、絶対的なナンバー1。周りの国はみな家来であり、貢物《みつぎもの》（朝貢《ちょうこう》）をしてきたらそのお返しに「王」だと認めやろう、という考え（中華思想）だったからだ。

しかし、次の年、返礼の使者である裴世清《はいせいせい》を遣わしたところを見ると、煬帝は日本を対等な国として認めた……いや、本音は、対立していた朝鮮半島の高句麗を征服するために、日本をうまく利用したいだけだったんだと予想するけどね。

蘇我氏の権勢&驕りはMAXに！

聖徳太子と蘇我馬子が相次いで亡くなり、やがて推古天皇が崩御すると、敏達天皇の孫が**第34代舒明《じょめい》天皇**として即位した。ちなみに『古事記』では推古天皇までの事績しか記していないので、ここから先は『日本書紀』の独壇場《どくせんじょう》だ。

舒明天皇が短い在位で崩御すると、継嗣《けいし》となる皇子が定まらなかったため、皇后が**第35代皇極《こうぎょく》天皇**として即位した。**女帝としては推古天皇ののち、一代空けての登場**となる皇極天皇だけど、こんなエピソードがある。

日照りが続き、困った人民や大臣の蘇我蝦夷が雨乞いをしても雨は降らなかった。そこで皇極天皇自らが天に祈りを捧げたところ、雷を伴って雨が降りはじめ、大雨となって五日間続いた。邪馬台国《やまたいこく》の卑弥呼《ひみこ》ではないけれど、皇極天皇はシャーマン（呪術師《じゆじゆつし》）的な要素がある人だったようだ。

ただ、皇極天皇の頃から馬子の息子である**蝦夷が人事権を握って政治を私物化**しはじめた。豪族たちも蝦夷になびき、朝廷に出仕《しゆつし》するのではなく、「蘇我氏詣《もう》で」をする始末。もはや蘇我氏を抑える者はいなくなり、蘇我氏は天皇家の存在を脅かすほどの権勢を誇るようになったんだ。

天皇のお墓にしか許されない「陵《みささぎ》」という呼称を使うなど、やりたい放題の蘇我氏に対して、聖徳太子の娘、春米女王《つきしねのひめみこ》が怒りをぶちまけている。

「蘇我氏は国政をほしいままにし、礼を失している。天に二つの太陽はなく、国に二人の王はいないはずです」

対比を強調！「聖人・山背大兄王vs.大悪人・蘇我入鹿」

蝦夷の息子、入鹿の行動はエスカレートする。

【上宮王家の滅亡】

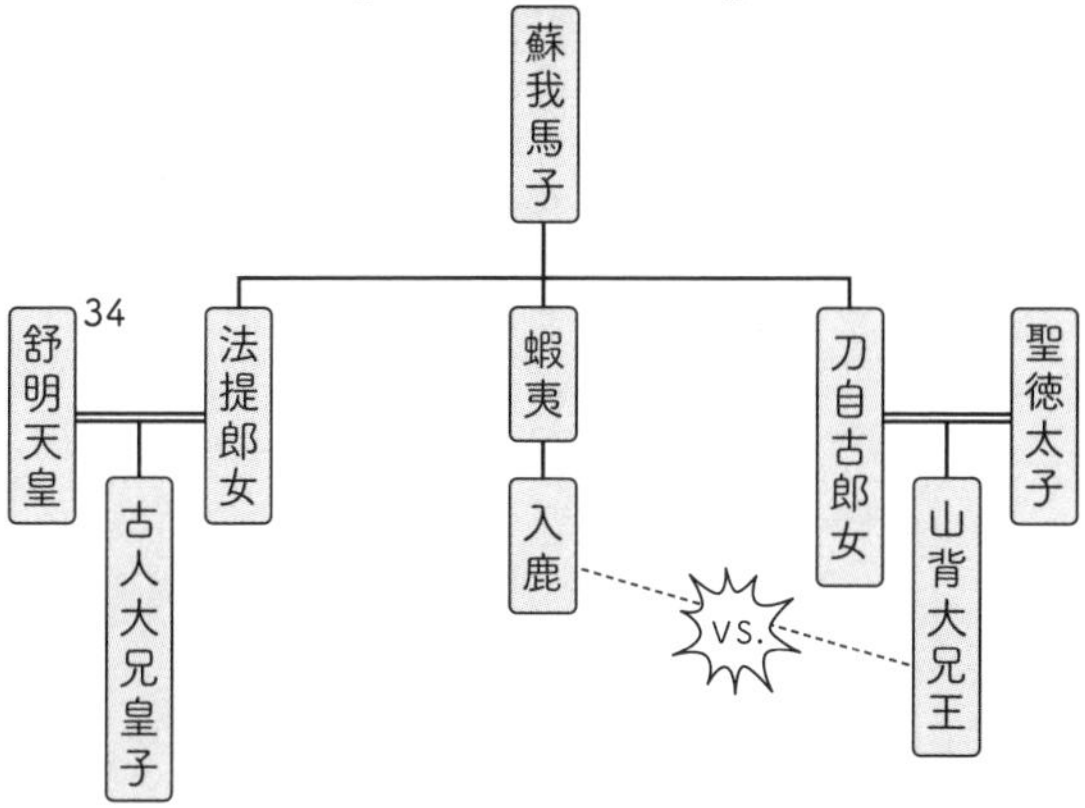

自分の推《お》す古人大兄皇子《ふるひとのおおえのみこ》を天皇に擁立《ようりつ》するために、対立する有力な皇位継承者である聖徳太子の息子、山背大兄王《やましろのおおえのおう》を殺そうとしたんだ。

入鹿の攻撃から一度は逃げることに成功し、再起を図ろうとした山背大兄王だったけど、わが身を捨てて事が収まるならお安いものだと判断し、

「本気になれば入鹿を討つことはできるだろう。しかし、私のために人民を犠牲にしたくない。この体、入鹿にくれてやろう!!」

と山背大兄王は言い放って、一族郎党もろとも自害して果てた。

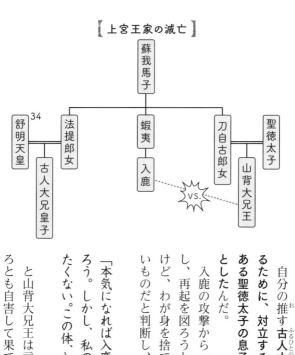

この時、五色の幡《はた》(※)と蓋《きぬがさ》（豪華な笠状の装飾）、そして妙なる音楽を伴って天女が大空から舞い降りてきて斑鳩寺（法隆寺）は神々しい光で満たされた。

人々はそれを見て感動のあまり言葉を失った。しかし、入鹿がそれを見ようとすると、ただの黒い雲になってしまったという。

……以上が『日本書紀』に記された山背大兄王とその一族が滅亡した事件の顛末だけど、正直に告白すると、これは**「聖人・山背大兄王 vs. 大悪人・蘇我入鹿」という図式を際立たせるための演出**だ。

ごめんなさい!!

この事件により、聖徳太子の血を引く上宮王家《じょうぐうおうけ》は滅亡してしまった。

※上から「青（緑）・黄・赤・白・黒（紺）」の順に五色を重ねた布を高く掲げた幡。陰陽五行に基づき、森羅万象の性質の「木・火・土・金・水」を色で表したもの。古来、都を防御する呪物として配色された。鯉のぼりの一番上にある「吹き流し」が有名。

◎「黒幕」は意外なところに⁉

入鹿が山背大兄王一族を滅ぼしたことを知った父の蝦夷は、

「ああ、息子の入鹿は実に愚かだ。こんな横暴な悪事を働くと、いずれ自分の身も危ういぞ」

という言葉を吐いて嘆いている。

これも、蘇我氏滅亡を自ら予言したということを読者に印象付ける演出だ。ウソです。ごめんなさい、ごめんなさい!!

そのウソを見抜いた哲学者の故梅原猛《うめはらたけし》氏は、この**山背大兄王滅亡事件の黒幕をボクの父、中臣（藤原）鎌足だと推測**した。

聖徳太子も山背大兄王も蘇我氏の血を引いている、言うなれば蘇我系の皇族だ。蘇我本宗家《ほんそうけ》の入鹿をそそのかして太子一族を滅亡させれば、蘇我氏は身内の内紛で混乱をきたす。それに乗じて一気に蘇我氏を滅ぼそうと鎌足は考えた、というのだ。

事実、この後、**乙巳の変が起きて蘇我蝦夷・入鹿親子は死に、蘇我本宗家は滅亡する**……。

だけど、その推測もまだちょっと甘い気がする。

実はこの件に関しては、鎌足だけが黒幕とは限らない——ラスボスは別にいる!?

中大兄皇子と中臣鎌足による「乙巳の変」

古来、神祇官《じんぎ》（朝廷の祭祀を司る）を職としていた名門の中臣氏にあって、**鎌足は蘇我氏の専横を憎み、打倒蘇我氏の計画**を密かに進めていた。

鎌足はまず、皇極天皇の弟である軽皇子《かるのみこ》（157ページの允恭天皇《いんぎょう》の息子とは別人物）に接近する。でも、その器量に飽き足らず、政変の中心たり得る別の人物を探した。

そんな時、法興寺で行われた打毬《ちょうきゅう》（今でいうポロかホッケーのような競技）において、**中大兄皇子の沓《くつ》が脱げて飛んでいったのを鎌足が拾い取り、中大兄皇子に謹んで差し出したのが縁**となって、二人は仲良くなった。

この時、鎌足は31歳。中大兄皇子は19歳だった（この話自体、後世の創作だろう）。

中大兄皇子は第34代舒明天皇の第二皇子で、母は第35代皇極天皇というサラブレッド。

蘇我氏を憎むという点で二人の意見は一致し、やがて打倒蘇我氏の密談を行うようになった。

鎌足は蘇我一族の蘇我倉山田石川麻呂《くらやまだいしかわまろ》(石川麻呂)を同志に引き入れた。石川麻呂は、同じ蘇我氏でもアンチ蝦夷・入鹿で、蝦夷から入鹿へ当然のように行われた大臣の継承を快く思っていなかった。

そんな折、三韓(新羅・百済・高句麗)から使者が来日し、貢物を進上する儀式が

朝廷で行われることになった。そこには大臣の入鹿も必ず出席する……「暗殺のチャンス!!」と判断した中大兄皇子と鎌足は、その日をXデーと定めた。

◎『日本書紀』屈指のハイライトシーン!

この入鹿暗殺、「乙巳の変」だけど、『日本書紀』には見てきたように詳しい記述がなされている。まるで**現場からの生中継**という様子だ。少し長いけど、お届けするね。

西暦六四五年七月十日、三韓からの使者が来日し、天皇に貢物を進上する儀式が行われることになった。飛鳥板蓋宮《あすかいたぶきのみや》の大極殿《おおあんどの》に皇極天皇がお出ましになり、舒明天皇の皇子で蘇我氏の血を引く古人大兄皇子が側に侍《じ》し、入鹿も入朝した。

日頃から入鹿は疑い深く、昼夜剣を手放さなかったんだけど、中大兄皇子は「俳優《わざおぎ》」という滑稽《こっけい》なしぐさをする人を使って、

「入鹿様、お堅いことを言わず、剣を腰から外してくださいよ。剣なんて入鹿い?

いや、いらないでしょ～（笑）」

とギャグで笑わせ、騙して剣を外させてしまった。中大兄皇子は宮門を閉じさせ、自ら長い槍を持って隠れ、鎌足は弓矢を取って潜《ひそ》んだ。

準備は整った。

石川麻呂が上表文《じょうひょうぶん》を読み上げはじめた。このタイミングで二人の刺客が入鹿を斬るはずだったけど、緊張のあまり身動きできない。実は暗殺直前、恐怖のあまり飯《めし》が喉《のど》を通らず、水で流し込んでもすぐさま嘔吐《おうと》してしまうような、情けないありさまだったんだ。

上表文の読み上げも終わりに近づいた。でも刺客の二人が入鹿を襲う気配がない。不安に駆られた石川麻呂は全身汗にまみれ、声を乱して手がブルブル震えた……その様子を見て不審に思った入鹿が、「キミはどうして震えているんだい」と尋ねると、石川麻呂は「天皇のお側にいるのが畏れ多く、不覚にも汗が流れるのです」と答えた。

二人の刺客は入鹿に威圧され、萎縮して出られないのだと判断した中大兄皇子は、

中大兄皇子は自ら入鹿に斬りかかった
（『多武峯《とうのみね》縁起絵巻』談山神社蔵）

意を決して自ら「やあ‼」と声を出しながら斬りかかった。

それを見た刺客二人も続けて飛び出し、入鹿の頭と肩を斬りつけた。倒れた入鹿だったけど、すぐさま起き上がったので、刺客の一人が入鹿の片脚を斬った。

入鹿は再び倒れたものの、転がりながら皇極天皇の玉座にたどり着くと、頭を床にこすり付けながら、「私になんの罪がありましょう。どうかお調べください」と申し上げた。

皇極天皇は驚いて、「なぜこんなことをするのか。いったい何事があったのか」と中大兄皇子に問いかけると、

「入鹿は天皇家を滅ぼして、皇位を傾けようとしています。皇位を入鹿に奪われるわけにはまいりません」

と答えた。それを聞いた皇極天皇は立ち上がり、無言のまま殿中《とののうち》へと退出した。

この日は大雨が降り、庭は水浸しになっていた。斬り殺された入鹿の死体は庭に投げ出され、敷物や屏風《びょうぶ》で覆《おお》われた。飛鳥板葺宮から少し離れたところに「入鹿の首塚」があるけど、刎《は》ねられた入鹿の首がそこまで飛んでいったとされる。合掌。

◎館に火を放って蝦夷は自害！　蘇我本宗家は滅亡

「乙巳の変」としてあまりにも有名なこの場面は、実は半分くらい創作なんだ。まったくの嘘ではないけど、「逆臣・蘇我入鹿を誅殺した勇気ある中大兄皇子と、それを助けた忠臣・中臣鎌足」という図式を印象付けようとしたことは確かだ。

一方、入鹿という後ろ盾を失った古人大兄皇子は私宮へ逃げ帰って、

「韓人《からひと》が入鹿を殺したのだ。私は心が痛む」

と言ったきり、寝室に入って出てこなかった。

殺人現場の目撃者である**古人大兄皇子が、犯人は中大兄皇子だと公言せず嘘をついたのは、「本当のことを言えば、次に殺されるのは自分だ」という恐怖心にかられたから**だろう。

計画を見事に遂行した中大兄皇子は、法興寺に兵を集め、蘇我氏の反撃に備えた。しかし、入鹿を失った蘇我氏側は抵抗する気力を失い、反撃を行うことすらできなかった。

翌日、父の蝦夷は失意の中、自ら館に火

【「乙巳の変」で何が起こったか】

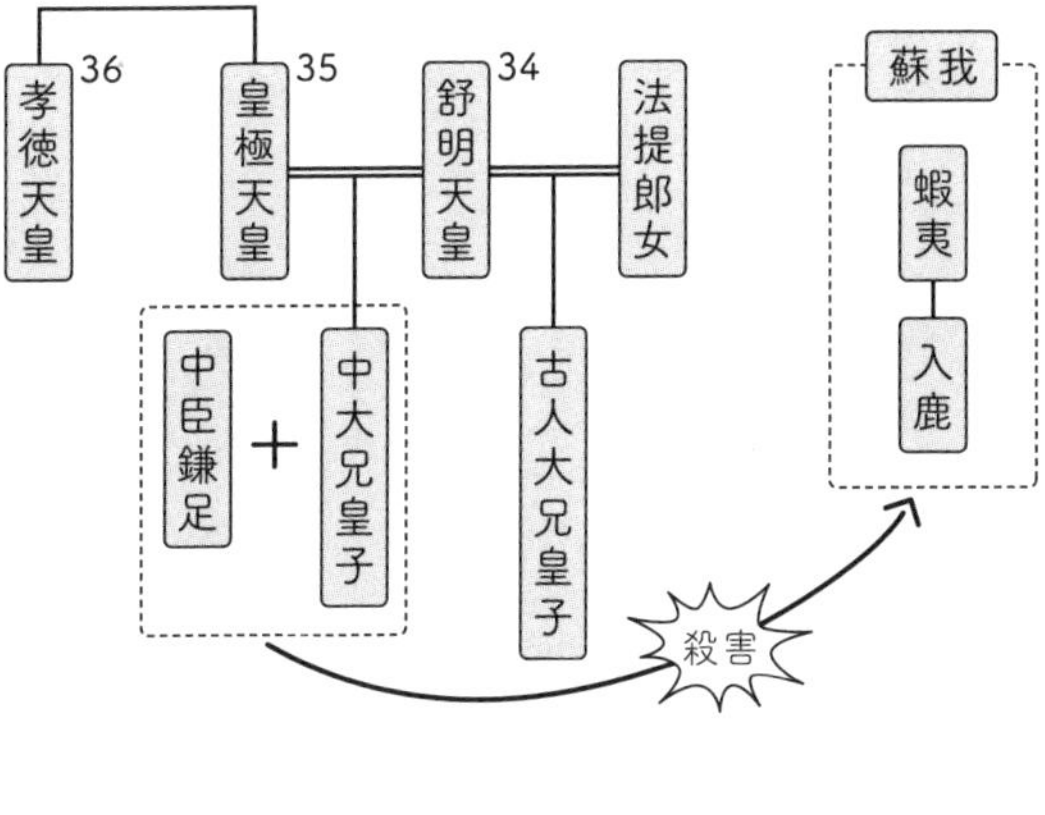

を放って自殺した。この時、聖徳太子と馬子が編纂した『天皇記』『国記《こっき》』も焼失している……もったいない。

こうして、蘇我本宗家は滅んだんだ。

そして「乙巳の変」からわずか二日後、皇極天皇は譲位し、弟の軽皇子が**第36代孝《こう》徳《とく》天皇**として即位した。**今までの天皇は終身制だったので、日本史上初の天皇の譲位が行われた**ことになる。

孝徳天皇は、まず天皇中心の中央集権的な政治体制を作るための**「改新の詔」**を発した。「公地公民制」から始まり、六歳以上の人民に土地を分け与える「班田収授法《はんでんしゅうじゅのほう》」、「租《そ》（稲）・庸《よう》（労役または布）・調《ちょう》（絹や海産物など諸国の産物）」と呼ばれる税制改革、全国の行政区画改革など、高いレベルの改革を次々と行った。

でも、近年の研究では『日本書紀』に書かれた**「改新の詔」には、六十年後に成立した「大宝律令《たいほうりつりょう》」からの引用が何カ所か見つかっており、かなり潤色されたもの**であることが明らかになっているんだ。ボクも関わった『大宝律令』の優れた内容を思わず拝借してしまったのはご愛嬌、笑って許してくださいね。

コラム

元号制度

「乙巳の変」後に即位した**孝徳天皇は、日本で初めて元号を立てて「大化」**と定めた。「元号」が始まったのは紀元前一四〇年、前漢の武帝《ぶてい》の時代のことで、中国初の元号は「建元《けんげん》」。君主が時間をも支配するという思想のもとに誕生した元号制度だけど、今でも使われているのは日本だけなんだ。

明治以降の改元は天皇の即位に伴う「代始《だいはじめ》改元」となり、天皇一代につき一つの元号、「一世一元」制が確立した。それ以前、改元は頻繁《ひんぱん》に行われていて、「大化」の五年後、珍しい白キジが天皇に献上されたのを祝して「白雉《はくち》」と改元されている。

ちなみに最も長く使われた元号は「昭和」で、六十二年と十四日（元年と六十四年はともに七日間しかなかった）。短いのは「暦仁《りゃくにん》」でわずか二カ月半にすぎない。「暦仁」という元号は、鎌倉時代の第87代四条《しじょう》天皇の時だけど、「暦仁＝略人」＝「人々が略される＝人々が死んで消えてしまう」という悪評が立ったため、すぐさま改元を実施したんだ。

5章

天智と天武
——二人の天皇が目指したもの

……「正史」では何が葬り去られ、
どう書き換えられたのか？

悲劇！　仕組まれた陰謀で散った有間皇子

「大化《たいか》の改新《かいしん》」の道半ば、第36代孝徳《こうとく》天皇は崩御する。この時、息子の**有間皇子《ありまのみこ》**はまだ14歳にすぎなかったので、**皇極《こうぎょく》天皇が重祚《ちょうそ》**（一度退位した天皇が再び即位すること）して**第37代斉明《さいめい》天皇**となったが、**実権を握っていたのはその息子の中大兄皇子《なかのおおえのみこ》**。

このままでは政争に巻き込まれるのは必至……というか殺されかねない。有間皇子は危機感を募らせていた。

そんな時、斉明天皇が紀温湯《きのゆ》（現在の和歌山県の白浜温泉。「牟婁《むろ》の湯」ともいう）に療養に赴《おもむ》いた。その留守中、蘇我《そが》氏復興の野心を持つ蘇我赤兄《あかえ》が有間皇子に急接近してきたんだ。赤兄は、斉明天皇の三つの失政を挙げて謀反をそそのかした。

其の一　大きな倉庫を建てて、民の財産を集めたこと
其の二　長い水路を掘って、公の食糧を浪費したこと
其の三　舟に石を載せて運び、それを積んで丘を造ったこと

斉明天皇の治世では大規模な工事が多く、労役の重さに人々は耐えかねていた。

「今こそ、民のために立ち上がるべきです！」との赤兄の言葉を有間皇子が信じたのも無理はない。有間皇子は赤兄とともに綿密なクーデター計画を練りはじめた。

しかし、ある日、赤兄の家で謀議をこらしていると、皇子の脇息《きょうそく》（＝脇に置いてもたれかかる道具）が突然、バキッと折れた。これは不吉だとして、有間皇子は挙兵を断念し、計画の口外無用を赤兄と誓い合った。……はずだった。でも赤兄は中大兄皇子と裏で通じていたんだ。いや、正確には**赤兄が有間皇子に近づいたこと自体、初めから皇子を陥れるための策略**だったのかもしれない。

赤兄から通報を受けた中大兄皇子は、兵を派遣して有間皇子の邸《やしき》を取り囲み、謀反の罪で皇子を捕らえた。


【陥れられた有間皇子】

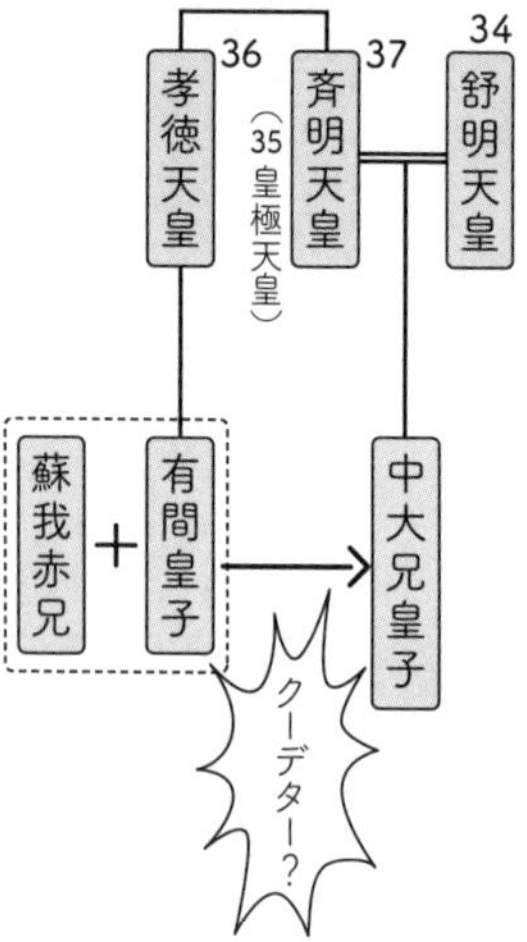

それは通報を受けた日の夜のことだった……って、これはあまりにデキすぎている。あらかじめ計画されていたのだろう。
斉明天皇が滞在している紀温湯に護送された有間皇子は、中大兄皇子から厳しく尋問された。それ

に対して有間皇子は、ただ一言だけ答えた。

天と赤兄と知る。われ全《もは》ら知らず。

訳 天と赤兄だけが真実を知っている。私は何も知らない、無実だ。

有間皇子は都へ送還されることになった。でも、その途中の藤白坂《ふじしろのさか》（現在の和歌山県海南市藤白）で絞首刑に処せられ、19歳という若さで散った。合掌。

『万葉集』の「挽歌《ばんか》」（人の死を悲しみ悼《いた》む歌）には、有間皇子への追悼の歌が四首詠まれている。そのうち一首は歌聖、柿本人麻呂《かきのもとのひとまろ》によるものだけど、これは有間皇子が処刑されてから四十三年後の七〇一年に持統《じとう》上皇・文武《もんむ》天皇が紀温湯に行幸した時に付き従って詠んだものだ。

◎ 裏で糸を引いていた「ラスボス」とは…？

この時代、すでに**有間皇子は悲劇の皇子として人々に知られ、事件も仕組まれたも**

のだとバレていた。

そして、ここまでくると山背大兄王《やましろのおおえのおう》一族の滅亡事件から乙巳《いつし》の変、そして有間皇子の処刑の背後にいるラスボスは誰なのかが見えてくるだろう。

そう、**女帝にして「皇を極める」という意の諡号《しごう》を贈られている皇極天皇こそラスボス**だ。また弟の軽皇子《かるのみこ》こと孝徳天皇も黒幕の一人、そして息子の中大兄皇子は実行犯だろう。

「乙巳の変」は大事件なのに、皇極天皇は実行犯を一切処罰していない。皇極天皇は入鹿《いるか》の殺害、蘇我本宗家滅亡の計画をあらかじめ知っていた、いや、裏で指示していたのだろう。

皇位継承権を放棄し、出家までした古人大兄皇子《ふるひとのおおえのみこ》は、わずか三カ月後に謀反の罪で中大兄皇子に討伐されている（間違いなく冤罪）。さらに「乙巳の変」をともに戦った石川麻呂《いしかわまろ》も、中大兄皇子の暗殺を企んでいるという濡れ衣《ぬぎぬ》を着せられ、自害に追い込まれている。

皇極天皇、重祚して斉明天皇恐るべし!!

実力十分！ なぜ中大兄皇子はすぐに即位しなかった？

中大兄皇子は第34代舒明《じょめい》天皇の第二皇子で、母は第35代皇極天皇（重祚して第37代斉明天皇）というサラブレッド。

ところが、彼はなかなか即位しない。「乙巳の変」ののち、孝徳・斉明という二人の天皇を挟み、さらに斉明天皇が崩御した後も六年間皇位に即かず、皇太子のまま政務を執り続けたんだ。

中大兄皇子が即位して**第38代天智《てんじ》天皇**となったのは、なんと六六八年。「乙巳の変」から実に二十年以上も経ってのことだ。**中大兄皇子が長い間即位しなかったことは古代史の謎の一つ**であり、これに関する説がいくつか存在する。

弟の大海人皇子《おおあまのみこ》（のちの天武《てんむ》天皇）への配慮だとか、皇太子として政務を執るほうが便利であったとか、皇位継承の正当性を内外に認めさせるために、皇太子として実績を積む必要があったから、などなど……。

その中で興味深いのが、**天智天皇の近親相姦が即位を阻《はば》んだという説**だ。

その相手の女性とは、孝徳天皇の皇后の間人皇女《はしひとのひめみこ》。彼女の父は舒明天皇、母は皇極天皇。つまり、**中大兄皇子は同母妹である女性に恋をした**ことになる。

【兄妹の禁断の恋】

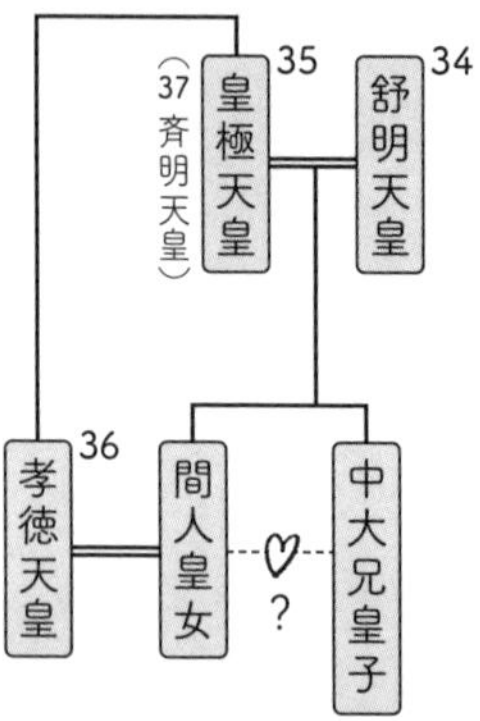

異母兄弟《きょうだい》姉妹間での恋愛・婚姻が許されていた当時でも、同母兄妹間の近親相姦は許されなかった。

軽皇子とオオイラツメの悲恋、「衣通姫《そとおりひめ》伝説」と似ているパターンだ（157ページ参照）。

しかも間人皇女は、叔父である孝徳天皇

の皇后……つまり「不倫」だ。

「近親相姦＋不倫＋相手は皇后」＝トリプルアウト!!

中大兄皇子は孝徳天皇の治世下で、皇太子として実質的に改革を推進していた。しかし、間人皇女との件もあって次第に孝徳天皇とは不仲となっていったんだ。

◎政治の実権＆皇后まで奪われた孝徳天皇

政治の実権が次第に中大兄皇子に握られていくのを感じた孝徳天皇は、「なんとかせねば」という思いに駆られる。

そこで、強引に飛鳥板蓋宮《あすかいたぶきのみや》から難波長柄《なにわのながらの》

ドーン
女性問題で即位が遅れたけど
私は立派な天皇です!!

豊碕宮《とよさきのみや》への遷都を決め、実権を我が手に握ろうとした。

ところが、これが裏目に出た。

遷都に反対する中大兄皇子は、弟の大海人皇子をはじめとする皇族や群臣たちの大半、そして孝徳天皇の姉の皇祖母尊《すめみおやのみこと》（孝徳天皇が皇極天皇から史上初の譲位を受けた際に皇極天皇に与えた称号。のちの「上皇」に相当）、さらには皇后の間人皇女までも引き連れて旧都の飛鳥に戻ってしまった。

孝徳天皇は失意のどん底に突き落とされ、まもなく病に倒れて崩御してしまう。まことに同情を禁じ得ない……。

中大兄皇子と間人皇女との間には肉体関係はあったのだろうか。間人皇女に宛てた、孝徳天皇の恨み節の歌が残されている。

金木《かなき》着《つ》け　吾《あ》が飼ふ駒《こま》は　引き出《で》せず　吾が飼ふ駒を　人見《ひとみ》つらむか

訳 逃げないように金木（堅い木）にくくり付けて私が飼っている馬、厩舎《うまや》から外には引き出しもせず私が大切に飼っている馬を、人はどうして見つけたのだろうか。

この歌の中で二度も出てくる「吾が飼う駒」は間人皇女、「人」は中大兄皇子と見てまず間違いないだろう。つまり**孝徳天皇は、中大兄皇子が自分の妻である間人皇女を奪っていったことをなじって、この歌を詠んでいるんだ。**

しかも「見（る）」というのは、当時では「異性と関係する。妻にする」という意もあり、孝徳天皇は二人が肉体関係を持っていたことを知っていたことを意味する。

この歌を根拠にしてここまで推測するのは、かなりうがった見方だろう。また、それだけが理由であれば、孝徳天皇が崩御し、さらに斉明天皇が崩御した後、もはや周りを気にする必要もなく、実力十分の中大兄皇子が六年間も即位しなかったことを説明することはできない。

ただ、**中大兄皇子と間人皇女が男女の関係にあった**ということだけは確かだろう。

◎中大兄皇子と大海人皇子——実は異父兄弟⁉

中大兄皇子がなかなか即位しなかったのは、一般的には弟といわれている大海人皇子が実は兄であり、しかも父親も違う「異父兄弟」だったからだという説が存在する（大和岩雄《おおわいわお》氏など）。

この場合、大海人皇子の父親は舒明天皇ではなく、皇極天皇が舒明天皇と結婚する前に嫁いでいた高向王《たかむくのおおきみ》（用明《ようめい》天皇の孫）だ。そして二人の間の子である漢皇子《あやのみこ》こそ、実は大海人皇子ではないかという説だ。

- **大海人皇子の父は高向王、中大兄皇子の父は舒明天皇**
- **大海人皇子が「兄」で、中大兄皇子が「弟」。二人は異父兄弟**

当時の皇位継承は、長幼よりも血筋や能力、人物を重要視したことから、父が舒明天皇である「弟」の中大兄皇子のほうが有利だった。

しかしその後、大海人皇子が即位し、天武天皇となって行った業績を見ると、大海人皇子が皇位を継承するに値する能力の持ち主であったことは疑うべくもない。

つまり、二人は皇位継承に関してほぼイーブンの立場にいたことになり、大海人皇子のほうが「兄」であるならば、異母兄に敬意を払って中大兄皇子がなかなか即位しなかった、というのも十分納得できる説だ。

孝徳天皇が崩御した後、すでに60歳を超えていた皇極天皇が、**「天皇史上初の重祚」まで行って斉明天皇となった**のも、二人のどちらが即位したほうがよいかの判断がつかなかったからではないか。

また、どちらかが先に皇位に即くことで朝廷内に軋轢《あつれき》が生じ、「天武天皇派VS.天智天皇派」の戦いになることを憂慮したからだとも考えられる。

それにしても、ラスボス皇極天皇改め斉明天皇は、史上初の譲位、史上初の重祚、と好き勝手しているね。

コラム

額田王

天智天皇と天武天皇が、額田王《ぬかたのおおきみ》という一人の女性をめぐって三角関係に陥ったことがある。それが遠因となって「壬申《じんしん》の乱」が起きたという説もあるくらいだ。

額田王はかつて大海人皇子と結婚し子までもうけたのちに別れ、今度は大海人皇子の兄（弟）である中大兄皇子と恋人同士になった。なかなかのモテぶりだね。相当、魅力的な女性だったのだろう。

額田王の歌で特に人気なのは、『万葉集』に載っている次の歌だ。

熟田《にきた》津《つ》に　船乗りせむと　月待てば　潮《しお》もかなひぬ　今は漕《こ》ぎ出《い》でな

訳 熟田津で船に乗ろうと月の出を待っていると、月も出、潮も満ちて船出に最適になった。さあ、今こそ漕ぎ出しましょう。

この歌の中での「船乗り」とは、実は戦いのための船出だ。

唐・新羅《しらぎ》連合軍に滅ぼされた同盟国の百済《くだら》に救援を求められた斉明天皇は、自ら兵を率いて朝鮮半島へ出兵することにした。難波津を出発した軍勢は、途中、四国に立ち寄った。**「熟田津」というのは、今の愛媛県松山市の道後温泉の近くの港**だ。

歌の最後、「今は漕ぎ出でな」という箇所は、まさに「いざ出陣、エイエイオー!!」という感じで、この歌を聞いた戦士たちの士気もずいぶんと高まっただろう。

ちなみにこの当時の船は船底が扁平《へんぺい》で、浜に着いて潮が引くと干潟の上で動かせなくなってしまう構造だった。

だから、次に船出するためには潮が満ちて船が浮かぶ必要があり、そのために満潮を知らせる月の出を待っていたというわけだ。

まだ羅針盤《らしんばん》がない古代の航海術は、陸地の山などを目印に沿岸を航行したもので、瀬戸内航路では、吉備《きび》（岡山）、安芸《あき》（広島）を通る山陽道南岸ルートと、讃岐《さぬき》（香川）、伊予《いよ》を通る四国北岸ルートがあったが、この斉明天皇の取ったルートは「熟田津」経由の四国北岸ルートだったことがわかる。

ちなみに、神武《じんむ》天皇東征は山陽道南岸ルートだ。

ただ残念ながら、**「白村江《はくすきのえ》の戦い」**と呼ばれるこの朝鮮半島での戦いで、唐・新羅連合軍に大敗した日本は、朝鮮半島からの撤退を余儀なくされた。

ちなみに斉明天皇は筑紫《つくし》の朝倉宮《あさくらのみや》（現在の福岡県朝倉市）に着いたところで病死し、事後は中大兄皇子に託されたんだ。白村江の戦いで大敗を喫して以降は、遣唐使を派遣して協調外交を取り、国土防衛を強化し、都を飛鳥から近江大津宮《おうみおおつのみや》（現在の滋賀県大津市）へ遷《うつ》すなどしたんだ。

海外の脅威を声高《こわだか》に叫ぶことで国内の中央集権化を進め、律令《りつりょう》体制を強化・整備していったという点では、成功したと言えるんじゃないかな。

天智天皇の死、そして「壬申の乱」勃発！

「乙巳の変」から二十三年が経ち、中大兄皇子がやっと**第38代天智天皇**として即位した。

即位後には、日本最古の全国的な戸籍「庚午年籍《こうごねんじやく》」を作成するなど、**律令国家形成**への作業を精力的に続けた。


ボクの父、中臣鎌足《なかとみのかまたり》も側近としてよく働いたんだけど、六六九年、山科《やましな》の御猟場に狩りに行った時、落馬して背中を強打した。

それがもとで重い病に臥《ふ》し、余命わずかとなった鎌足を天智天皇自らが見舞ってくれた。鎌足は冠位の最上位である「大織冠《たいしょくかん》」を授かり、「藤原」の姓を賜《たまわ》ったんだけど、まもなく逝去《せいきょ》した。享年56。「大織冠」を授けられたのは、後にも先にもボクの父の鎌足ただ一人だ。


天智天皇に残された時間も短かった。三年後には病を得て、自分の死期を悟った。

それまで、自分の跡継ぎは弟の大海人皇子と決めていたけど、息子の大友皇子《おおとものみこ》が可愛くなった……親心というものだろう。

天智天皇は、大友皇子を史上初の太政大臣《だいじょうだいじん》に任命し、大海人皇子を排除しようとしたんだ。

でも、大友皇子は24歳と若く、母の身分も低かった（地方豪族が献上した女官）ので、天皇として即位するには不十分だった。一方、大海人皇子は40歳前後で血統も実績も申し分なく、人望も厚かった。

このまま自分が死ねばどうなるか、天智天皇はわかっていた。

そこで天智天皇は、大海人皇子を病床に呼んで尋ねた。

「大海人皇子よ、お前に皇位を授けようと思うのだが、どうだろうか」

「いえいえ、私には持病があり、国家を運営していくことはできません。どうか大友皇子を皇子となさいませ。私は出家してお兄様のために仏道修行をしたいと思います」

これを聞いて天智天皇は安心した。

……実は、**天智天皇は大海人皇子の返答次第では彼を殺すつもりだった。**

でも、それを事前に察していた大海人皇子は、嘘を言って天智天皇を安心させたんだ。

大海人皇子は、出家するという口実で吉野宮（現在の奈良県吉野町）に退居し、戦いの準備を整えながら、チャンスをうかがっていた。

◎大海人皇子の弁明――「自分は正当防衛したまで」

六七一年、天智天皇が46歳で崩御した。

大海人皇子にとってチャンス到来だ!! 自ら動くべきなのか、相手の出方を待つべきか!?

その時、大友皇子を擁する近江朝廷方が危機感を抱き、吉野の大海人皇子に対して先制攻撃を仕掛けてくるという情報が飛び込んできた。

大海人皇子は、「このまま黙って身を亡ぼすわけにはいかぬ」と言って反旗を翻《ひるがえ》して挙兵した……と書かれている。

でも、これは**「先に仕掛けてきたのは大友皇子のほうだから、僕は正当防衛を行ったまでだよ〜」という大海人皇子の嘘の口実**にすぎない。

大海人皇子は吉野を脱すると、東へ迂回《うかい》して交通の要所である不破関《ふわのせき》（現在の岐阜県不破郡関ケ原町）から近江朝廷のある大津を目指した。

吉野から大津に行くには、真っすぐ北上したほうが近い。でも、敵がそのルート上で待ち伏せしていると予想して迂回したんだ。

実は、迂回して東から攻めるという進路は、「日の昇る方向から攻める」という神武天皇の例の作戦（81ページ参照）と重なる。

【壬申の乱のルート】

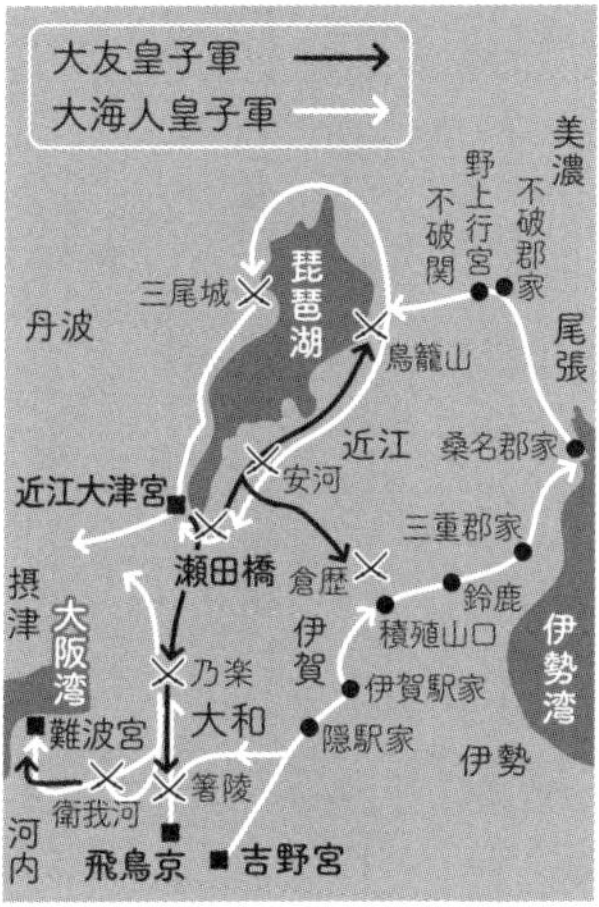

単なる偶然の一致とは思えないところから、「神武天皇と大海人皇子（のちの天武天皇）は同一人物説」が出てくるのも納得だね。

大海人皇子軍の参謀役は、息子の高市皇子《たけちのみこ》が務めた。

「近江の群臣がいかに大勢であろう

とも、父大海人皇子様の霊力には逆らえません。この高市めが軍を率いて敵を討伐いたします。ご安心ください」

なかなか頼りになる息子だね。しかし、大友皇子の近江朝廷軍も近隣諸国から兵を集めて善戦した。

敗れた大友皇子に「弘文天皇」を追諡

一カ月の間、一進一退の戦いが続いたんだけど、大海人皇子に味方する豪族たちのほうが多く、また、東国からも兵が集まり、軍勢を二手に分けて送り出して挟み撃ちにするなど、次第に大海人皇子側が優勢になる。

そして**「瀬田橋の戦い」（現在の滋賀県大津市唐橋町）で近江朝廷軍が大敗すると、大友皇子が首を吊《つ》って自決し、古代史上最大の内乱といわれる「壬申の乱」の勝敗は決した。**

なお、天智天皇の崩御後、大友皇子は即位して天皇になっていた可能性がある。『日本書紀』にはそのことは記されていないけど、それは意図的に書かれなかったとして、一八七〇年、**大友皇子に「弘文《こうぶん》天皇」が追諡《ついし》**されているんだ。とすると、弘文天皇は史上唯一、自害した天皇となる。合掌。

「偉大なる天武天皇」の「偉大すぎる業績」

天武天皇元年が干支《かんし》で「壬申（みずのえさる）」に当たることによって「壬申の乱」と呼ばれるこの戦いに勝利した大海人皇子は、論功行賞《ろんこうこうしょう》を行うとともに、翌年、飛鳥浄御原宮《あすかのきよみはらのみや》（現在の奈良県高市《たかいち》郡明日香村《あすかむら》）を造り、**第40代天武天皇**として即位した。

天武天皇は一人の大臣も置かず**専制君主として君臨**した。そして唐の律令制をモデルに、皇子たちを登用する皇親《こうしん》政治を行い、次々と制度改革を打ち出したんだ。

「八色《やくさ》の姓《かばね》」を制定して氏族の身分を明確化し、また、日本初の本格的な令である

「天皇」という称号を初めて使った天武天皇。
『日本書紀』と『古事記』の編纂も命じた

「飛鳥浄御原令《あすかきよみはらりょう》」の制定を命じ、新都として「藤原京」の建設を企図《きと》し、それらは第41代持統天皇の時代で実現した。

『日本書紀』と『古事記』の編纂を命じたのも天武天皇だし、初めて「天皇」という称号を使用したのも天武天皇、さらに仏教を保護して国家仏教を推進したのも天武天皇……。

とにかく天武、天武、て〜んむ!!
偉大なる天皇だ。

『日本書紀』編纂を命じたのが天武天皇だから、ヨイショしとかないとね。

ここまで偉大だと、問題は後継者選びだ。普通なら、その時点で皇后である鸕野讃《うののさら》良皇女《らのひめみこ》（のちの持統天皇）との間に生まれた**草壁皇子**《くさかべのみこ》が第一候補だけど、異母兄の**大津皇子**《おおつのみこ》がとても優秀なのが問題だった。

現存する日本最古の漢詩集『懐風藻《かいふうそう》』において、大津皇子は「容姿端麗、学問優秀、性格寛大、博覧強記、文章流麗、武芸百般なんでもござれ……」とまあ、とにかく、すべてにおいて秀でた抜群の人物として描かれている。

ただ、大津皇子の母（持統天皇の同母姉）は、皇子が幼少の時に早世している……

う～ん、迷う。

◎「吉野の盟約」——皇位継承をめぐる皇子たちの誓い

後継者選びに悩む天武天皇だったけど、ついに決断した。

吉野宮に行幸した際、鸕野皇后も列席する中で、天智天皇・天武天皇の六人の皇子（草壁皇子・大津皇子・高市皇子・忍壁皇子《おさかべのみこ》・川島皇子《かわしまのみこ》・志貴皇子《しきのみこ》）に対して、**「草壁皇子を次期天皇とし、異母兄弟同士互いに助けて相争わないこと」**を誓わせた。

まず、次期天皇に指名された草壁皇子が進み出て、

「同母、異母にかかわらず、私たち兄弟は天皇のお言葉に従い、互いに助け合い、逆らうことはいたしません。今後、この盟約に背くようなことがあれば、命を失い、子孫は絶えるでしょう」

と盟約し、次々と他の皇子たちが続いた。川島皇子と志貴皇子が天智天皇の子、残る四人は天武天皇の子だ。

誓いの後、天武天皇は彼らを抱擁した。

これを**「吉野の盟約」**、あるいは**「吉野の誓い」**という。

天武天皇としては、壬申の乱で甥の大友

【吉野の盟約】

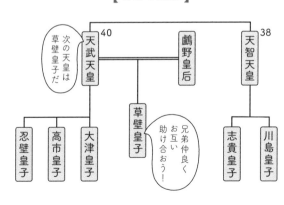

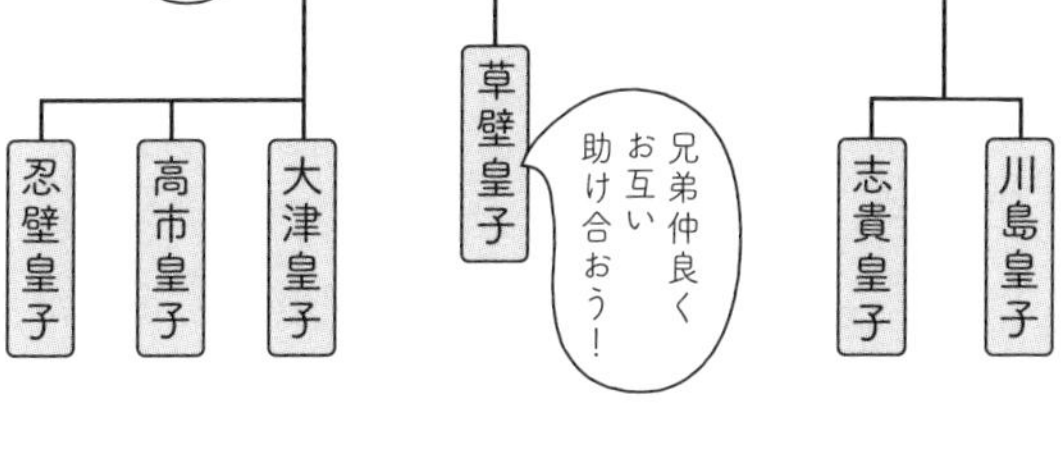

皇子と争った過去があるので、同じ愚《ぐ》を繰り返してほしくなかったんだね。

自分の死後、皇位継承をめぐって戦うようになることだけは、絶対に避けたかったのだろう。

また、鸕野皇后としてもお腹を痛めた我が子の草壁皇子が、次の天皇になる権利を得たことで大満足だったはずだ。

なにせ「壬申の乱」自体、草壁皇子の即位を願った鸕野皇后が裏で糸を引いていた、という説もあるくらいだから……。

アマテラスに自らの姿を投影！持統天皇の胸の内

でも、現実は残酷だ。天武天皇が崩御すると、わずか一カ月も経たないうちに、「大津皇子に謀反の意あり」との密告があり、大津皇子は逮捕される。そして24歳の若さで自害して（させられて）しまう。

密告、逮捕から大津皇子の自害までわずか一日。あまりに不自然だ。

大津皇子と草壁皇子とは天武天皇を父とする異母兄弟なわけだけど、大津皇子は抜群の才覚を持ち、人望も厚い……**母の鸕野皇后が、我が子の草壁皇子を次の天皇にせんがために大津皇子を亡き者にする陰謀を企てた**、と考えるのが自然だろう。

夫の大津皇子を突然失った、妻の山辺皇女《やまのべのひめみこ》が受けた衝撃と混乱ぶりを『日本書紀』

はこんなふうに書いている。

山辺皇女は、髪を振り乱し裸足《はだし》のまま駆けつけて皇子のもとに行き、殉死した。それを見た者はみな、すすり泣いた。

山辺皇女まで殉死……。一方、大津皇子とともに謀反の罪で連座した三十余人の従者は、一人だけ伊豆《いず》（現在の静岡県）に流されたのを除き、全員が赦免《しやめん》されている。

「今し皇子《みこ》大津《おおつ》、已《すで》に滅びぬ。従者《ともびと》の皇子大津に坐《かか》れるは、皆《みな》赦《ゆる》すべし」

という持統天皇の言葉からわかることは、この一件はあらかじめ仕組まれた陰謀だったということだろう。「大津皇子さえ死ねば目的は達した、一件落着ーっ！」とばかりの都合のよい幕引きだ。

息子を思う母、といえば聞こえはいいけど、鸕野皇后、いや、のちの持統天皇、なかなかに腹黒い。

◎愛息・草壁皇子が早逝！　自ら即位

大津皇子の事件ののち、鸕野皇后は草壁皇子をただちに即位させなかった。まだ皇子が若いということと、大津皇子の（冤罪）事件に対する宮廷内の反感が収まるのを待っていたのだろう。

鸕野皇后は偉大なる天武天皇の葬儀を足掛け三年も行い、その間は天皇不在のまま、「称制《しょうせい》」（皇后、皇太子などが臨時に政務を執り行うこと）を行った。

葬儀も終わり、やっと草壁皇子が即位する時が来たと思いきや、**草壁皇子は27歳の若さで薨御《こうぎょ》**してしまう。ここまで周到に事を進めてきたのに、まさか、そんな……母の鸕野皇后の嘆きは想像するに余りある（因果応報のような気もするけど）。

そこで鸕野皇后は、草壁皇子の子、つまり孫にあたる軽皇子《かるのみこ》（のちの第42代文武天皇）を皇位に即けようと考えたけど、まだ7歳、皇太子に立てることすら無理があった。

仕方なく、自ら**第41代持統天皇**として即位し、天武天皇の皇子の一人である高市皇子を太政大臣に任命した。高市皇子は父の天武天皇を助け、壬申の乱で軍事の全権を担当して勝利に導いた人物だ（239ページ参照）。

持統天皇の最大の目標は、夫だった天武天皇の遺志を継いだ政策の継承だった。「飛鳥浄御原令」の施行と「藤原京」の造営という二本柱を無事に完成させ、他にも多くの政策を遂行して国内を治め、朝廷内もうまくまとめた優秀な女帝だった。

◎なぜ「吉野の地」への御幸を繰り返したのか？

持統天皇は吉野行幸を三十回以上も行っている。当時都であった藤原京から南に位置する吉野に向かう途中には峠があり、険しい山道を通らなければならないので、けっこう大変だ。その困難を押してまで行幸したのには訳があるんだ。

それは、**壬申の乱直前に大海人皇子（天武天皇）と一緒に雌伏《しふく》の時を過ごしたのが吉野**であること。また、そこから挙兵し、乱に勝利したのちは、天武天皇とともに息子たちを招集して「吉野の盟約」（245ページ参照）を行った重要な地でもあるからだ。

おそらく持統天皇にとって吉野という場所は、亡き天武天皇を偲ぶだけでなく、女帝として即位したのち、何か問題が起きたり決断に迷ったりした際の、心の拠《よ》り所《どころ》となった場所なのだろう。

持統天皇から見ると、父が天智天皇、叔父であるとともに夫でもあるのが天武天皇。この複雑な関係から察するに、天智派と天武派の争いの真ん中に立たされた時、心中おだやかではいられなかったはずだ。

ただ、夫婦二人で野口王墓《のぐちのおうのはか》（檜隈大内陵《ひのくまのおおうちのみささぎ》。奈良県高市郡明日香村）に合葬されていることからすると、夫婦仲はよかったのかもしれないね。

病を得た持統天皇が、文武天皇に譲位するという記事で、『日本書紀』は終わっている。

「自らをアマテラスの姿に投影した」ともいわれる持統天皇は、譲位の五年後に崩御した。

コラム

古代にはなぜ女帝が多かったのか？

推古《すいこ》天皇に始まり、皇極天皇、斉明天皇（皇極天皇が重祚）、持統天皇、元明《げんめい》天皇、元正《げんしょう》天皇、孝謙《こうけん》天皇、称徳《しょうとく》天皇（孝謙天皇が重祚）まで、飛鳥時代から奈良時代にかけて六人（八代）の女性天皇が即位している。

それ以降は、江戸時代初期に即位した明正《めいしょう》天皇に至るまでの八百五十余年、女性天皇が立てられることはなかった。

最後に女性天皇になった後桜町《ごさくらまち》天皇までの八人十代を総称して「**八方十代**《はちかたじゅうだい》」と呼ぶ。

女性天皇になったのは、天皇の未亡人や生涯未婚であった女性皇族だった。

女性天皇が飛鳥時代から奈良時代にかけての約二百年間に集中している理由としては、皇位継承をめぐって皇族間の激しい争いが起きていたことが挙げられる。

皇位継承候補が複数存在して容易に決められなかったり、皇位継承者が幼少すぎたりしたため、「中継ぎ役」として女性天皇が出現したと思われるんだ。

しかし次第に、天皇が成人しなくても周りの補佐によって戦争を指揮したり政務を執ったりすることが可能となり、また、摂関《せっかん》政治時代（平安時代の藤原北家《ほっけ》全盛の頃）には幼い天皇のほうが操りやすいということもあって、女性天皇は存在しなくなった。

また、別の理由として、第48代称徳天皇が僧の道鏡《どうきょう》を寵愛（一説には姦通）しすぎて、あやうく道鏡が次の皇位に即くところだった、という「道鏡事件」を招いたことで、女性天皇を避ける傾向が起きたといわれている。

江戸時代には、道鏡が巨根だったという風説があり、次のような川柳《せんりゅう》が詠まれた。

道鏡は　すわるとひざが　三つでき

コラム

藤原不比等は天智天皇の御落胤!?

ここで最後に、この本のナビを務めるボク、藤原不比等《ふじわらのふひと》の出生にまつわる、ある重大な噂があることを伝えておこう。

下級官吏《かんり》からスタートして右大臣にまで出世したボクだけど、その異常とも思える出世には秘密があった。実は不比等は鎌足の本当の子ではなく、天智天皇の御落胤《ごらくいん》（身分や地位の高い男が、正妻でない女性に密かに生ませた子）であるとの噂だ。

そうした話はいくつかの書物に記されているけど、中でも後世の歴史物語『大鏡《おおかがみ》』の中で次のような話が書かれている。

天智天皇が鎌足を寵臣として信頼し、褒美として妃の一人を譲ろうとした時、すでに彼女は妊娠していた。そこで天智天皇は鎌足にこう言った。

男ならば大臣の子とせよ。女ならばわが子にせむ。

訳 生まれてくる子が男の子ならば、鎌足大臣の子とせよ。女の子ならば朕《ちん》の子にしよう。

生まれてきた子は男の子だったので、鎌足の子として育てることになり、それがボク、つまり不比等だというんだ。

本当にボクが天智天皇の御落胤であったかどうかはわからないけど、ボクの大出世とその後の藤原氏の繁栄を考えると、「不比等＝天智天皇の御落胤」説が生まれた理由もわからなくはない。ちなみにボクの息子たち（藤原四兄弟）は、奈良時代に権勢を誇り、それぞれ南家、北家、式家、京家の開祖となったんだ。

・藤原四兄弟（藤原四子《ふじわらしし》）
長男：武智麻呂《むちまろ》──南家開祖
次男：房前《ふささき》──北家開祖（北家による摂関政治は、道長《みちなが》・頼通《よりみち》時代に全盛を極める）
三男：宇合《うまかい》──式家開祖
四男：麻呂《まろ》──京家開祖

「天智天皇なくして不比等なし、不比等なくして藤原氏の繁栄なし」

ボク不比等も、草葉の陰で大喜びしているよ。

【藤原不比等の華麗なる系図】

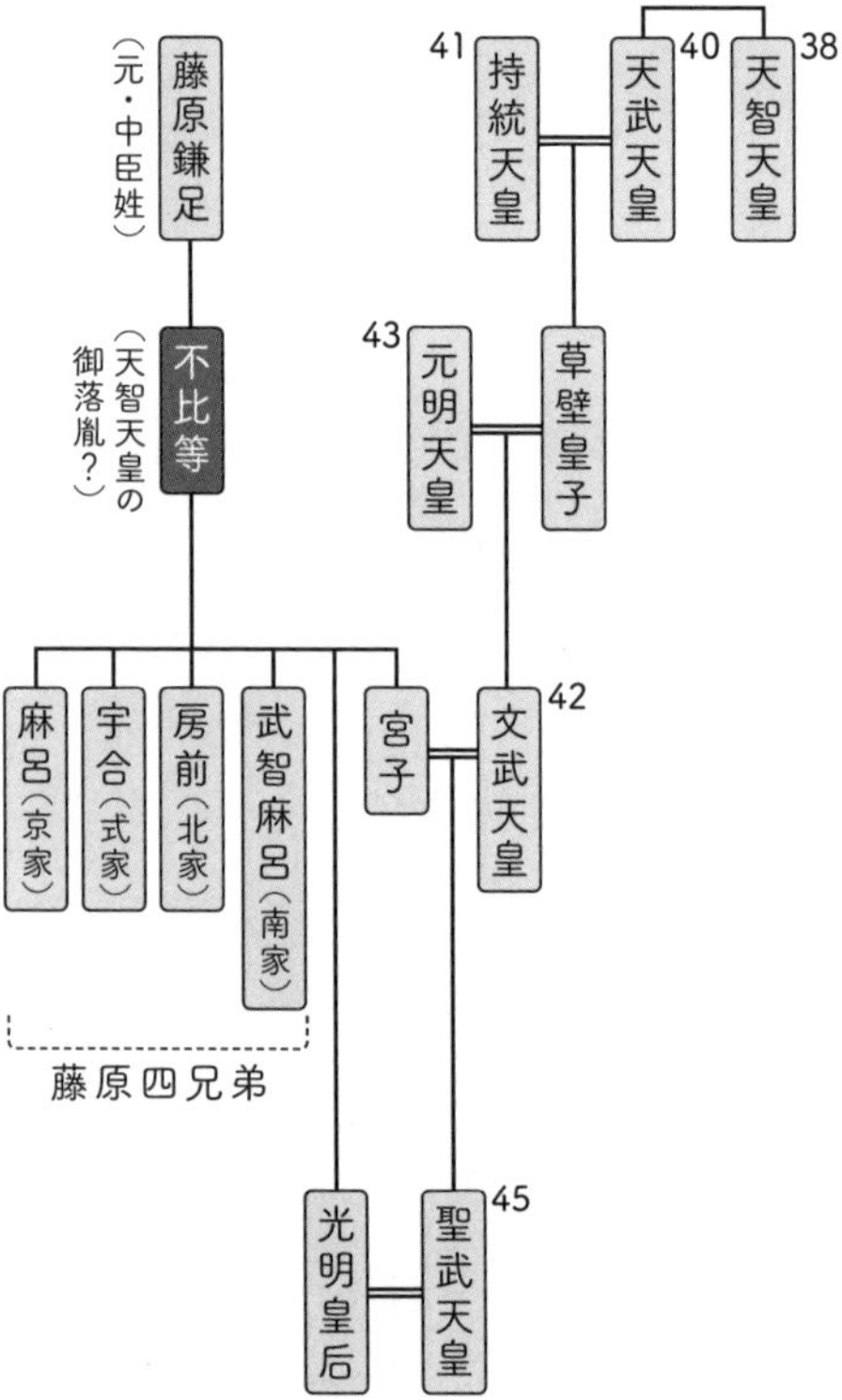

『日本書紀』に登場する天皇

代	漢風諡号	読み仮名	在位	崩御した年齢
1	神武天皇	じんむ	前660-前585	127歳没
2	綏靖天皇	すいぜい	前581-前549	84歳没
3	安寧天皇	あんねい	前549-前511	67歳没
4	懿徳天皇	いとく	前510-前477	77歳没
5	孝昭天皇	こうしょう	前475-前393	114歳没
6	孝安天皇	こうあん	前392-前291	137歳没
7	孝霊天皇	こうれい	前290-前215	128歳没
8	孝元天皇	こうげん	前214-前158	116歳没
9	開化天皇	かいか	前158-前98	111歳没
10	崇神天皇	すじん	前97-前30	119歳没
11	垂仁天皇	すいにん	前29-70	139歳没
12	景行天皇	けいこう	71-130	143歳没

13	成務天皇	せいむ	131-190	107歳没
14	仲哀天皇	ちゅうあい	192-200	53歳没
15	応神天皇	おうじん	270-310	111歳没
16	仁徳天皇	にんとく	313-399	143歳没
17	履中天皇	りちゅう	400-405	70歳没
18	反正天皇	はんぜい	406-410	75歳没
19	允恭天皇	いんぎょう	412-453	78歳没
20	安康天皇	あんこう	453-456	56歳没
21	雄略天皇	ゆうりゃく	456-479	62歳没
22	清寧天皇	せいねい	480-484	41歳没
23	顕宗天皇	けんぞう	485-487	38歳没
24	仁賢天皇	にんけん	488-498	50歳没
25	武烈天皇	ぶれつ	498-506	18歳没
26	継体天皇	けいたい	507-531	82歳？没
27	安閑天皇	あんかん	531-535	70歳没

28	宣化天皇	せんか	535－539	73歳没
29	欽明天皇	きんめい	539－571	63歳没
30	敏達天皇	びだつ	572－585	48歳？没
31	用明天皇	ようめい	585－587	48歳没
32	崇峻天皇	すしゅん	587－592	40歳没
33	推古天皇	すいこ	592－628	75歳没
34	舒明天皇	じょめい	629－641	49歳没
35	皇極天皇	こうぎょく	642－645	68歳没
36	孝徳天皇	こうとく	645－654	59歳没
37	斉明天皇	さいめい	655－661	68歳没
38	天智天皇	てんじ	668－671	46歳没
39	弘文天皇	こうぶん	671－672	25歳没
40	天武天皇	てんむ	673－686	56歳？没
41	持統天皇	じとう	690－697	58歳没
42	文武天皇	もんむ	697－707	25歳没

●参考文献

『新編日本古典文学全集1　古事記』『新編日本古典文学全集2〜4　日本書紀』『新編日本古典文学全集6〜9　萬葉集』（以上、小学館）／『現代語訳日本書紀』福永武彦訳（河出書房新社）／『人物でわかる日本書紀』古川順弘（山川出版社）／『イラストでよくわかる日本の神様図鑑』古川順弘・カワグチニラコ（青幻舎）／『「大化改新」隠された真相』谷口雅一（ダイヤモンド社）／『古事記と日本書紀でたどる日本神話の謎』瀧音能之、『図説　地図とあらすじでわかる！　日本書紀と古代天皇』瀧音能之監修（以上、青春出版社）／『比べてみるとよくわかる！　図解　古事記と日本書紀』瀧音能之（ＰＨＰ研究所）／『読み替えられた日本書紀』斎藤英喜（ＫＡＤＯＫＡＷＡ）／『最新調査でわかった「日本書紀」の真実』瀧音能之監修、『新説「古事記」「日本書紀」でわかった大和統一』家村和幸、『新解釈「日本書紀」』遠山美都男監修（以上、宝島社）／『決定版　神武天皇の真実』田中英道（扶桑社）／『人物叢書　神功皇后』岡本堅次、『人物叢書　継体天皇』篠川賢（以上、吉川弘文館）／『謎の大王　継体天皇』水谷千秋（文藝春秋）／『大判ビジュアル図解　写真と絵でわかる古事記・日本書紀』加唐亜紀、『地図と写真から見える！　古事記・日本書紀』山本明（以上、西東社）／『天智・天武の謎――「日本書紀」の虚偽と真実』大和岩雄（六興出版）／『偽りの大化改新』中村修也（講談社）／『日本書紀の謎を解く』森博達、『日本の名著1　日本書紀』『日本の名著2　聖徳太子』（以上、中央公論新社）／『決定版　日本書紀入門』竹田恒泰・久野潤（ビジネス社）／『一三〇〇年間封印された日本書紀の暗号』竹田昌暉（徳間書店）／『日本書紀に秘められた古社寺の謎』三橋健編（ウェッジ）／『その時歴史が動いた〜乱世の英雄編［1］』（ＮＨＫエンタープライズ〔ＤＶＤ〕）／『騎馬民族は来なかった』佐原真

（日本放送出版協会）／『史上最強カラー図解　古事記・日本書紀のすべてがわかる本』多田元監修（ナツメ社）

●画像提供（数字はページ）

島根県立古代出雲歴史博物館：49／神宮徴古館・農業館：59、85、112／談山神社、奈良国立博物館：213／山口県立萩美術館・浦上記念館：161／国立公文書館：53／国立国会図書館ウェブサイト：134、243／国立印刷局ホームページ：126／ColBase（https://colbase.nich.go.jp/）：132、139、196／株式会社アフロ：193、197／フォトライブラリー：56、61、69、74、83、96、121、138、149、172、175、180

本書は、本文庫のために書き下ろされたものです。

眠《ねむ》れないほどおもしろい日本書紀《にほんしよき》

著者　板野博行（いたの・ひろゆき）
発行者　押鐘太陽
発行所　株式会社三笠書房
〒102-0072 東京都千代田区飯田橋3-3-1
電話　03-5226-5734（営業部）　03-5226-5731（編集部）
https://www.mikasashobo.co.jp
印刷　誠宏印刷
製本　ナショナル製本

ISBN978-4-8379-3019-8 C0195

王様文庫

王様文庫

大好評 ベストセラー！
板野博行の本

眠れないほどおもしろい吾妻鏡

討滅、謀略、権力闘争……源平合戦後、「鎌倉の地」で何が起きたか？ 北条氏が脚色した鎌倉幕府の準公式記録『吾妻鏡』から数々の事件の真相に迫る！ まさに歴史スペクタクル!!

眠れないほどおもしろい平家物語

平家の栄華、そして没落までを鮮やかに描く「超ド級・栄枯盛衰エンタメ物語」！ 熾烈な権力闘争あり、哀しい恋の物語あり……「あはれ」に満ちた古典の名作を、わかりやすく紹介！

眠れないほどおもしろいやばい文豪

文豪たちは「やばい」から「すごい」！ ◇炸裂するナルシシズム ◇「純愛一筋」から「火宅の人」に大豹変 ◇短歌を連発する「天才的たかり魔」……全部「小説のネタ」だった!?

眠れないほどおもしろい百人一首

百花繚乱！ 心ときめく和歌の世界へようこそ！ 恋の喜び・切なさ、四季の美に触れる感動、別れの哀しみ、人生の儚さ……王朝のロマン溢れる、ドラマチックな名歌を堪能！

眠れないほどおもしろい源氏物語

マンガ&人物ダイジェストで読む〝王朝ラブストーリー〟！ 光源氏、紫の上、六条御息所、朧月夜、明石の君、浮舟……この一冊で『源氏物語』のあらすじがわかる！

眠れないほどおもしろい万葉集

ページをひらいた瞬間「万葉ロマン」の世界が広がる！ ＊巻頭を飾るのはナンパの歌!? ＊ミステリアス美女・額田王の大傑作…あの歌に込められた〝驚きのエピソード〟とは!?

K60020